Dina von Hahn

Collie und Sheltie

richtig pflegen und verstehen

Experten-Rat
für Erziehung, Pflege
und Ernährung

W0072192

Farbfotos:
Christine Steimer

Zeichnungen:
György Jankovics

GU GRÄFE UND UNZER

Inhalt

*Vorhergehende
Doppelseite:
Collie-Hündin,
zobel-weiß, mit
ihren Welpen. Die
Kleinen suchen die
Nähe der Mutter.*

*»Kräftemessen« beim
lustigen Zugspiel mit
einem Stück Tau.*

Vorwort

Collies und Shelties haben nicht nur ein prächtiges Haarkleid, sondern auch ein wunderbares Wesen. Sie sind besonders feinfühlig, intelligent, gutmütig, bescheiden und nie aufdringlich. Als ursprüngliche Helfer beim Hüten der Viehherden liegt ihnen das Erfüllen einer Aufgabe allerdings auch heute noch im Blut. Diesem Arbeitsdrang muß der Collie- oder Sheltie-Besitzer Rechnung tragen. Wie Sie Collies und Shelties artgerecht halten und richtig pflegen, sagt Ihnen dieser neue GU Tier-Ratgeber.

Die Autorin, Dina von Hahn, gibt Ihnen einen Überblick, wie sich Collie, Sheltie und Border Collie im Wesen voneinander unterscheiden und welche Rückschlüsse für die Haltung daraus zu ziehen sind. Sie erfahren, wie Sie den richtigen Züchter finden, was bei der Auswahl eines Welpen zu beachten ist und wie Sie bei der Eingewöhnung des Kleinen vorgehen müssen. Dina von Hahn erklärt auch, wie Sie einen Collie oder Sheltie verstehen lernen, ihn optimal ernähren, erfolgreich erziehen, richtig pflegen und gesund erhalten. Wer züchten oder seinen Hund auf einer Ausstellung zeigen möchte, bekommt wertvolle Tips.

Auf PRAXIS-Seiten mit Schritt-für-Schritt-Anleitungen: Körpersprache des Hundes, Erziehung, Spielen, Fellpflege und Erste Hilfe bei Krankheiten. Informative Zeichnungen veranschaulichen den Text, und die brillanten Fotos vermitteln einen lebendigen Eindruck dieser außergewöhnlichen Hunde. Viel Freude mit Ihrem Collie oder Sheltie wünschen Ihnen die Autorin und die GU Naturbuch-Redaktion.

Bitte beachten Sie die »Wichtigen Hinweise« auf Seite 63.

Wissenswertes über Collies und Shelties

Collie, Sheltie und Border Collie im Vergleich

Alle drei Hunderassen gehören zur Gruppe der Britischen Hütehunde. Ihre ursprüngliche Aufgabe bestand darin, die Menschen als zuverlässige Helfer beim Hüten der Viehherden zu unterstützen. Obwohl für die gleiche Aufgabe bestimmt, unterscheiden sich die drei Rassen nicht nur äußerlich, sondern auch im Wesen.

<u>Der Collie</u> ist der größte Rassevertreter. Es gibt den Langhaar- und den Kurzhaar-Collie. Beide sind als Familienhunde hervorragend geeignet. Vom Wesen her kann man den Collie als »den Hund mit der feinen Art« bezeichnen. Er ist intelligent, anhänglich, gutmütig und sanft, nie wirklich aufdringlich, sondern eher zurückhaltend und bescheiden. Seinem Besitzer und seiner Familie gegenüber ist der Collie bedingungslos ergeben. Er reagiert sehr feinfühlig auf Wünsche oder Befehle, die leise und nicht laut ausgesprochen werden sollten. Laute derbe Menschen sind ihm unangenehm.

Seine Hüteeigenschaften sind immer noch stark ausgeprägt. Das ist besonders bei Spaziergängen mit der Familie zu beobachten. Ein Collie wird immer bemüht sein, alle Familienmitglieder zu umkreisen und so zusammenzuhalten. Selbst als zuverlässigen Babysitter kann man den Collie einsetzen und Kindern ist er ein geduldiger Spielkamerad (→ Seite 19).

Der Collie hat einen ausgeprägten Sinn für Eigentum und zeigt sich auf dem eigenen Grundstück als zuverlässiger Wächter. Er meldet alles Fremde, verhält sich dabei aber nicht aggressiv. Die Schärfe eines Schutzhundes wie zum Beispiel des Schäferhundes fehlt ihm. So wird ein Collie selten fest zubeißen, sondern eher zwicken. Dieses Verhalten ist auf seine ursprüngliche Hüteaufgabe zurückzuführen. Er durfte die Schafe nur in die Beine zwicken, um sie zusammen zu halten, aber nicht verletzen oder gar reißen (→ Zeichnung, Seite 62).

Wie jeder Hund nimmt er gerne die Spur eines flüchtenden Rehs oder Hasen auf. Er läßt sich jedoch leicht »zurückpfeifen« und verfolgt das Wild nicht so konsequent wie es andere Rassen tun.

<u>Hinweis:</u> Blue-merle Collies (→ Fellfarben, Seite 11) sind etwas bellfreudiger, temperamentvoller und von besonders robuster Gesundheit.

<u>Der Sheltie</u> ist rein äußerlich die kleinere Ausführung des Collies, dabei aber robust und zäh. Auch er ist ein Familienhund mit Leib und Seele. Vom Wesen her sind Shelties liebenswürdig, munter und lebendig, aufmerksam und sehr wachsam. Sie sind wesentlich temperamentvoller und bellfreudiger als der Collie. Fremden gegenüber verhalten sie sich eher zurückhaltend, was jedoch nicht mit Ängstlichkeit verwechselt werden darf.

Der Sheltie ist leicht zu halten, pflegeleicht und anspruchslos. Er kann im Gegensatz zum Collie gut in einer Etagenwohnung gehalten werden. Typisch ist, daß er seinem Frauchen beziehungsweise Herrchen auf Schritt und Tritt

Erwartungsvoll blickt dieser Border Collie zur Fotografin hin.

Dicht an die Mutter gekuschelt fühlt sich der Kleine ganz und gar sicher.

folgt, und wenn es mehrere Shelties sind, dann rauscht eine ganze »Sheltie-Wolke« hinter einem her.

Wie beim großen Bruder Collie ist auch beim Sheltie die Jagdpassion wenig ausgeprägt.

Dem Border Collie liegt auch heute noch das Arbeiten stark im Blut. Dieser Hund hat einen solch großen Arbeitsdrang, daß er ständig Aufgaben und Beschäftigung braucht.

Der Border Collie ist ein überdurchschnittlich intelligenter Hund, verhält sich sehr diszipliniert und liebt den Menschen, der mit ihm arbeitet, über alles. Nur in der Hand eines einfühlsamen Führers, der den Hund richtig beschäftigt, kann der Border Collie ein glückliches Leben führen.

Falsche Haltung und Unterbeschäftigung verursachen bei diesem Hund schwere physische und psychische Schäden. Ein an sich friedlich veranlagter Hund kann dann unsicher und aggressiv werden.

Wer sich einen Border Collie anschaffen möchte, muß deshalb kritisch prüfen, ob er dem Hund seinen Fähigkeiten entsprechende Anleitung, Ausbildung und Aufgaben bieten kann.

Hinweis: Auf den Seiten 8 bis 15 finden Sie Rasseporträts und genaue Beschreibungen von Langhaar- und Kurzhaar-Collie, Sheltie und Border Collie.

Collie – wie die Rasse entstanden ist

Die genaue Herkunft des Collies ist unbekannt. Entstanden ist er ursprünglich aus verschiedenen Farm- und Hütehunden. Man nimmt an, daß er in erster Linie vom Border Collie abstammt, beziehungsweise daß beide gemeinsame Vorfahren haben.

Auf den rauhen Hochebenen Schottlands hüteten Border Collies ganz selbständig eine Schafrasse mit schwarzen Gesichtern und Beinen, Colleys ge-

nannt. Die Hunde, die diese Schafe hüteten, waren die Colley dogs, eine Bezeichnung, aus der später der Name »Collie« entstand.

Im Laufe der Jahre züchteten schottische und englische Züchter aus dem etwas groben, plumpen Colley dog einen eleganteren Hund. Es ist wahrscheinlich, jedoch nicht sicher, daß früher Einkreuzungen des Gordon Setters und des Irish Setters vorgenommen wurden, um die Farbe zu verbessern. Auch Barsois wurden eingekreuzt, um einen eleganteren, längeren Kopf zu bekommen.

Der erste Collie soll 1870 auf einer Hundeausstellung in Birmingham gezeigt worden sein. Dann erschien 1871 »Old Cockie« auf der Bildfläche der damaligen Colliewelt. Auf ihn gehen alle unsere heutigen Collies zurück. Er entsprach zwar nicht den heutigen Vorstellungen mit seinem massiven, etwas plumpen Körperbau und dem breiten Oberschädel, aber er hatte eine imposante Haarfülle (Zeichnung, Seite 7).

In Deutschland wurden die Collies um 1890 stärker bekannt. Besonders im Rhein-Main-Gebiet erlebten sie ihren Höhepunkt in den folgenden 20 Jahren. Mit Ausbruch des 2. Weltkrieges wurden die deutschen Collie-Zuchten zerschlagen.

Nach 1945 bedurfte es sehr viel Liebe zum Collie und finanzieller Opfer, bis die ersten guten Importe aus England nach Deutschland kamen.

Dann erschien die Fernseh-Serie »Lassie«. Es wurde der Traum aller Kinder, einen »Lassie« zu besitzen. Diese Situation nutzten viele Hundezüchter aus und produzierten Collie-Welpen in unkontrollierten Massenzuchten. Modehund zu werden, schadete der Rasse sehr. Inzwischen hat sich dies geändert. Die Collie-Zucht in Deutschland kann sich mit der in England ohne weiteres messen.

Sheltie – wie die Rasse entstanden ist

Der Shetland Sheepdog (Sheltie), heißt wörtlich übersetzt »Shetland-Schäferhund«. Er stammt, wie sein Name sagt, von den Shetland Inseln. Bei der Entstehung dieser Rasse haben ziemlich sicher Spitze und King Charles Spaniels »mitgemischt«. Die Aufgabe der Shelties war es, Zwergschafe und kleine Rinderherden zu hüten.

Bekannt sind die Shelties seit etwa 1840. Ein Problem haben die Sheltie-Züchter noch heute mit der korrekten Größenbestimmung bei Welpen. Da man früher auch Collies eingekreuzt hatte, um den Sheltie so collieähnlich wie möglich zu bekommen, bricht dieses Erbe immer wieder durch. Es kann deshalb passieren, daß ein Sheltie-Welpe mehr wächst als angenommen und über das Standardmaß hinausschießt (→ Rassestandard, Seite 14). Auch der erfahrenste Sheltie-Züchter kann sich irren.

Ungefähr um die Jahrhundertwende wurde auch die breitere Öffentlichkeit auf den Sheltie aufmerksam. Als anerkannte Hunderasse war er 1909 in England auf einer Hundeausstellung zu sehen. Danach erfreute er sich schnell zunehmender Beliebtheit.

Heute ist der Sheltie in England so verbreitet wie bei uns der Dackel und der Pudel. Inzwischen hat er auch in Deutschland einen ständig wachsenden Liebhaberkreis.

Border Collie – wie die Rasse entstanden ist

Der Border Collie stammt von mittelalterlichen britischen Herdenhunden ab. Er wurde in der neueren Zeit besonders in den Grenzgebieten zwischen Schottland und England, genannt Border Countries, gezüchtet. Bei der Zuchtauswahl berücksichtigte man besonders solche Hunde, die durch exzellentes Hüteverhalten auffielen. Border Collies gelten schon seit langem als die besten Hütehunde der Welt. Einmalig ist dabei ihre tiefgeduckte »Arbeitshaltung« (→ Foto, Seite 24). In ihrem Ursprungsland England leisten Border Collies nicht nur beim Hüten, sondern auch auf vielen anderen Gebieten Beeindruckendes. Sie werden beispielsweise als Rettungs- oder Blindenführhunde ausgebildet.

Collie um 1900. Damals wirkte sein Körperbau noch ziemlich massiv, und auch die Kopfform war noch nicht so elegant herausgezüchtet. Dafür hatte er eine imposante Haarfülle.

Die Rassebezeichnung »Border Collie« wurde 1910 geprägt. Die Rasse wird seit 1906 von der International Sheepdog Society für die Schaftreibarbeit betreut und ist seit 1976 beim englischen Kennel Club offiziell als Rasse anerkannt.

Im gleichen Jahr wurde der Border Collie erstmals auf Hundeausstellungen in England gezeigt und daraufhin auch in Deutschland vom Verband für das deutsche Hundewesen (→ VDH, Seite 10) anerkannt. Seither erfreut sich diese hochintelligente Rasse auch in Deutschland zunehmender Beliebtheit.

Alles wird auf Freßbarkeit getestet.

Der Langhaar-Collie

Das freundliche und liebenswerte Wesen sieht man dieser Hunderasse schon am Gesichtsausdruck an. Wer einen ausgesprochenen Familienhund sucht, der hat ihn im Collie gefunden. Allerdings sollte es in der Familie harmonisch zugehen. »Dauerfehden« belasten den Hund seelisch stark.

Collie-Hündin, zobel-weiß.

Blue-merle Collies, links Hündin, rechts Rüde. Durch seine üppige Halskrause wirkt der Rüde imposanter.

Der Kurzhaar-Collie

Er unterscheidet sich vom Langhaar-Collie nur durch sein kurzes
Fell. Beim Kurzhaar-Collie kommt
der kraftvolle, elegante Körperbau voll zur Geltung. In der Bewegung ist bei ihm deutlich die
fließende Gangart der Collies mit
den ausgreifenden, langen
Schritten zu beobachten.
Der Kurzhaar-Collie hat ebenso
wie der Langhaar-Collie ein sehr
feinfühliges Wesen, was Sie im
Umgang mit ihm unbedingt
berücksichtigen müssen. Der aus-
geglichene Hund ist »seinem«
Menschen treu ergeben und wird
ihm Zeit seines Lebens ein zuverlässiger und anhänglicher
Begleiter sein.

Typischer tricolor Kurzhaar-Collie.

Tricolor und blue-merle Kurzhaar-Collie bei einem Spaziergang in der flachen Uferpartie eines Sees.

Der Langhaar- und Kurzhaar-Collie im Porträt

Wie ein idealer Vertreter seiner Rasse aussieht, beschreibt der Rassestandard. Der Standard wird im Ursprungsland der Rasse erstellt und beim Dachverband des Hundewesens im jeweiligen Land hinterlegt (in Deutschland der VDH, → Adressen, Seite 62). Der Dachverband übermittelt seinen Mitgliedsverbänden den aktuellen Rassestandard. Auf diese Weise entstehen einheitliche Beurteilungskriterien für eine Hunderasse.

Im folgenden Text beschreibe ich Ihnen, wie ideale Vertreter von Langhaar- und Kurzhaar-Collie aussehen, auf den Seiten 14 und 15 finden Sie die Beschreibung von Sheltie und Border Collie. Die Broschüre mit dem Originalwortlaut des Rassestandards können Sie beim jeweiligen Zuchtverband anfordern (→ Adressen, Seite 62).

Der einzige Unterschied zwischen Langhaar- und Kurzhaar-Collie liegt in der Haarlänge.

Gesamterscheinung: Kraftvoller Körperbau, der nicht plump oder grob wirken darf. Der Hund erscheint gleichzeitig anmutig und beweglich.

Wesen: Freundlich, ohne jegliche Spur von Nervosität oder Aggressivität.

Bewegung: Leicht und mühelos.

Schädel: Flacher Schädel, der sich an den Seiten allmählich in einer glatten Linie von den Ohren bis zur Spitze der Nase verjüngt, ohne vorspringende Backenknochen oder spitzen Fang. Im Profil betrachtet, verlaufen die obere Linie des Schädels und die des Vorgesichts parallel und gerade. Sie werden durch einen leichten, jedoch merklichen »Stop« (Absatz von der Stirn zum Nasenrücken) geteilt. Das Ende des glatten, gut abgerundeten Fanges ist stumpf, niemals quadratisch. Der Unterkiefer ist kräftig und gut geformt. Die Tiefe des Schädels, von den Augenbrauen zur Unterkante des Unterkiefers hin, darf niemals übermäßig sein (von oben nach unten gesehen).

Nase: Grundsätzlich schwarz.

Augen: Mittelgroß, etwas schräg eingesetzt, mandelförmig, dunkelbraun. Bei blue-merle Collies (→ Fellfarben, rechts) dürfen ein oder beide Augen blau oder blau gesprenkelt sein. Der Augenausdruck ist intelligent, lebhaft und wachsam.

Ohren: Klein; sie stehen weder zu weit auseinander, noch zu dicht zusammen. In aufmerksamer Haltung steht etwa zwei Drittel des Ohres aufrecht und das obere Drittel kippt nach vorne.

Ein idealer Vertreter seiner Rasse ist dieser Langhaar-Collie.

Gebiß: Kiefer kräftig, mit vollständigem Scherengebiß.

Hals: Muskulös, kraftvoll, im Verhältnis zum Körper von guter Länge.

Schultern: Schräg und gut gewinkelt.

Vorderhand: Gerade und muskulös, mit nicht zu starken Knochen.

Körper: Im Vergleich zur Schulterhöhe etwas länger; Rücken fest, mit leichter Wölbung über der Lendenpartie; Rippen gut gewölbt; tiefe Brust.

Hinterhand: An den Schenkeln muskulös; gut gewinkelte Kniegelenke; Sprunggelenke tiefgestellt und kräftig.

Pfoten: Oval, mit gut gepolsterten und geschlossenen Zehen.

Rute: Lang; das Knochenende reicht mindestens bis zu den Sprunggelenken. In Ruhe wird sie hängend mit einem leichten Aufwärtsschwung am Ende getragen. In der Erregung kann sie höher, darf jedoch nicht über dem Rücken getragen werden.

Haarkleid Langhaar-Collie: Es soll sehr dicht sein und sich den Außenlinien des Körpers anpassen. Das Deckhaar ist glatt und hart, die Unterwolle weich, pelzig und sehr dicht. Mähne und Halskrause sind üppig behaart. Maske (Fell am Kopf) und Gesicht glatt und kurz behaart. Das Fell an den Ohrspitzen ist glatt und kurz, zum Ansatz hin wird es länger. Die Vorderläufe sind gut befedert (Befederung = lange Fellhaare an den Läufen), die Hinterläufe oberhalb der Sprunggelenke üppig behaart, unterhalb jedoch kurz/glatthaarig. Die Rute ist sehr üppig behaart.

Haarkleid Kurzhaar-Collie: Es soll hart, dicht und ganz kurz sein.

Fellfarben: Zobelfarben-weiß, tricolor und blue-merle.

Bei den zobelfarbenen Collies ist jede Schattierung von hellem Gold bis zum satten Mahagoni oder schattiert zobelfarben erlaubt. Hell stroh- oder cremefarben ist unerwünscht.

Tricolorfarbene Collies sind vorwiegend schwarz mit satten, lohfarbenen Abzeichen an Kopf und Läufen. Ein Rostschimmer im Deckhaar ist unerwünscht. Die blue-merle Collies haben ein klares, silbrigblau gefärbtes Haarkleid mit schwarzen Flecken oder schwarzmarmorierter Zeichnung. Satte lohfarbene Abzeichen sind erwünscht, ihr Fehlen ist jedoch kein Nachteil. Große schwarze Flecken, Schieferfarbe oder ein Rostschimmer sowohl im Deckhaar als auch in der Unterwolle entsprechen nicht dem Standard.

Alle vorgenannten Farben können die für den Collie typischen weißen Abzeichen mehr oder weniger stark aufweisen.

Folgende Fellzeichnung ist vorteilhaft: Ganz oder teilweise weiße Halskrause, weiße Brust, Läufe und Pfoten, weiße Rutenspitze. Auf dem Vorgesicht und/oder am Schädel darf eine Blesse vorhanden sein.

Größe und Gewicht: Schulterhöhe: Rüden 56 bis 61 cm, Hündinnen 51 bis 56 cm; Gewicht: Rüden 20 bis 30 kg, Hündinnen 18 bis 25 kg.

Stolz präsentiert sich der elegante Kurzhaar-Collie.

Der Sheltie

Der Sheltie ist die kleinere Aus-
führung des Langhaar-Collies. Da
früher Collies eingekreuzt wurden, um ihn so collieähnlich wie
möglich zu bekommen, bricht
dieses Erbe hin und wieder in be-
zug auf die Größe durch. So entstehen manchmal etwas zu groß
geratene Shelties. Im Wesen ist
der Sheltie temperamentvoller
und auch bellfreudiger als der
Collie, doch ebenso ideal als
Familienhund geeignet wie »sein
großer Bruder«. Shelties sind sehr
pflegeleicht und können selbst in
einer Etagenwohnung gehalten
werden.

Tricolor Sheltie mit mit typischem Kopf und Ausdruck.

*Kopfstudie eines schön gezeichne-
ten blue-merle Shelties. Diese
Hunde mit ihrem silbrig schim-
mernden Haarkleid sehen faszinie-
rend aus.*

Sheltie, zobel-weiß. Aufmerksam beobachtet er, was sich da tut.

Dieser Border Collie hütet seinen Ball.

Der Welpe wagt seine ersten Schritte ins Grüne.

Der Border Collie

Dieser äußerst intelligente Hund ist für die ausschließliche Haltung als Familienhund völlig ungeeignet. Der Border Collie fühlt sich nur glücklich, wenn er sein extremes Arbeitsbedürfnis stillen darf.

Abwartend steht dieser Border Collie bereit, um die nächsten Kommandos seines Herrn zu erfüllen.

Der Sheltie im Porträt

Gesamterscheinung: Kleiner, kräftiger, gut proportionierter Hund mit üppigem Haarkleid.

Wesen: Wachsam, sanft, intelligent, lebhaft, niemals nervös.

Bewegung: Geschmeidig, fließend, anmutig.

Kopf: Oberlinie des Schädels verläuft parallel zur Oberlinie des Fangs, mit leichtem aber gut erkennbarem »Stop«.

Nase: Schwarz, ebenso wie Lefzen und Lidränder.

Augen: Mittelgroß, schräg eingesetzt, mandelförmig, dunkelbraun; bei den Merles (→ Fellfarbe, rechts) dürfen ein oder beide Augen blau oder blau gesprenkelt sein.

Ohren: Klein; im Ruhezustand zurückgelegt, bei Aufmerksamkeit gedreht, halb aufrecht, mit nach vorne koppenden Spitzen getragen.

Fang/Gebiß: Kiefer kräftig, mit vollständigem Scherengebiß.

Hals: Muskulös und so lang, daß der Kopf »stolz« getragen werden kann.

Schulter: Zurückliegend mit gut gewinkelten Schultergelenken.

Vorderhand: Von vorn gesehen gerade, muskulös und ebenmäßig geformt, mit kräftigen Knochen.

Körper: Brust tief bis zu den Ellenbogen; Rippen gut gewölbt; Rücken gerade, mit einer anmutigen Rundung über der Lendenpartie; Kruppe allmählich nach hinten abfallend.

Hinterhand: Schenkel breit und muskulös; Kniegelenke gut gewinkelt; Sprunggelenke tief gestellt mit kräftigen Knochen. Hintermittelfuß von hinten gesehen gerade.

Pfoten: Oval; Zehen gewölbt und geschlossen.

Rute: Tief angesetzt und gut behaart.

Haarkleid: (→ Haarkleid Langhaar-Collie, Seite 10).

Fellfarbe: Zobelfarben: Reinfarben oder in Schattierungen von hellem Gold bis zum satten Mahagoni, wobei die Schattierung kräftig getönt sein soll. Wolfsfarbe und Grau sind unerwünscht. Tricolor: Tiefschwarz am Körper, vorzugsweise mit satten lohfarbenen Abzeichen. Blue-Merle: Klares silbriges Blau mit schwarzer Sprenkelung und Marmorierung. Satte lohfarbene Abzeichen bevorzugt, ihr Fehlen ist erlaubt. Große schwarze Flächen, schiefergrauer oder rostfarbener Anflug im Deckhaar wie in Unterwolle unerwünscht. Der Gesamteindruck muß von Blau geprägt sein. Schwarz-weiß und schwarz mit Loh sind ebenfalls anerkannte Farben. Weiße Abzeichen dürfen (außer bei Schwarz mit Loh) als Blesse, an der Halskrause, an der Brust, an den Läufen und an der Spitze der Rute vorhanden sein. Alle oder einige weiße Abzeichen bevorzugt (außer bei Schwarz mit Loh). Diese Abzeichen dürfen auch fehlen. Weiße Flecken am Körper unerwünscht.

Größe und Gewicht: Rüden 37 cm, Hündinnen 35,5 cm; Gewicht: Rüden ab 8 kg, Hündinnen ab 6 kg.

Auffallend ist die üppige Mähne und Halskrause des Shelties. Dieser kleine Hund ist wesentlich temperamentvoller als ein Collie.

Der Border Collie im Porträt

Gesamterscheinung: Gut proportionierter, krafvoller, mittelgroßer Arbeitshund.
Wesen: Aufgeweckt, aufmerksam, intelligent, weder nervös noch aggressiv.
Bewegung: Frei, fließend, unermüdlich. Der Hund bewegt sich mit großer Geschwindigkeit.
Kopf: Schädel ziemlich breit, »Stop« sehr ausgeprägt.
Nase: Schwarz; bei braunen oder schokoladefarbenen Hunden darf sie braun sein; bei blauen Hunden sollte sie schieferfarben sein.
Augen: Weit auseinanderstehend, oval, mittelgroß, braun; bei Blue-merles dürfen ein Auge oder beide teilweise oder ganz blau sein. Ausdruck sanft, aufgeweckt, aufmerksam und intelligent.
Ohren: Mittelgroß, weit auseinanderstehend, aufrecht oder halb aufrecht getragen.
Fang/Gebiß: Der Fang ist mäßig kurz und kräftig; vollständiges Scherengebiß.
Hals: Kräftig, muskulös, leicht gewölbt; zu den Schultern hin breiter werdend.
Körper: Er sollte im Vergleich zur Schulterhöhe etwas länger sein. Körperform athletisch, Brust tief und ziemlich breit; Rippen gut gewölbt. Lenden muskulös, aber nicht aufgezogen. Kruppe breit und muskulös zum Rutenansatz hin verlaufend.
Rute: Mäßig lang, mit ihrem letzten Wirbel mindestens bis zum Sprunggelenk reichend; tief angesetzt; gut behaart, mit einem Aufwärtsschwung am Ende.
Vorderhand: Vorderläufe von vorne gesehen parallel.

Einmalig ist das Verhalten des Border Collies beim Hüten. Er schleicht sich mit großer Geschwindigkeit an die Herde heran.

Hinterhand: Oberschenkel lang, kräftig und muskulös, mit gut gewinkelten Kniegelenken. Vom Sprunggelenk bis zum Boden starker Knochenbau. Hinterbeine von hinten gesehen parallel.
Pfoten: Oval; Zehen gewölbt und eng zusammenstehend.
Haarkleid: Zwei Fellvarietäten sind anerkannt: eine mäßig lange und eine stockhaarige. Bei beiden Varianten Deckhaar dicht, mittelstark, Unterwolle weich und dicht.
Bei der mäßig langen Fellvarietät bildet das reichliche Haarkleid Mähne, Hosen (Fell an den Oberschenkeln oberhalb des Sprunggelenks) und Fahne (Haarkleid an der Rute). An Gesicht, Ohren, Vorderläufen (ausgenommen Federn) und Hinterläufen vom Sprunggelenk bis zum Boden soll das Haar kurz und glatt sein.
Fellfarbe: Eine Vielfalt von Farben ist erlaubt, weiß sollte nie vorherrschen.
Größe und Gewicht: Rüden 53 cm, Hündinnen etwas weniger; Gewicht: Rüden und Hündinnen ca. 16 bis 24 kg.

Ratschläge zu Auswahl und Kauf

Auf den ersten Blick bestechen Collie und Sheltie vor allem durch ihr wunderschönes Haarkleid. Doch davon allein sollten Sie sich bei der Anschaffung eines solchen Hundes niemals leiten lassen. Wägen Sie vor einem Kauf kritisch ab, ob Sie einem Collie oder Sheltie tatsächlich ein glückliches Leben bieten können.

Paßt ein Collie oder Sheltie in Ihr Leben?

1. Überlegen Sie genau, welche Erwartungen Sie an den Hund stellen. Lieben Sie das Sanfte, Sensible und nicht Aufdringliche in einem Hund, dann ist ein Collie oder Sheltie richtig für Sie.
2. Ein gut gepflegter Hund wird im Durchschnitt 12 bis 15 Jahre alt. Sind Sie bereit, solange für ihn zu sorgen?
3. Collies brauchen viel Auslauf. Ein Haus oder eine große Wohnung mit Garten sind für seine Haltung ideal. Shelties dagegen kann man auch in einer Etagenwohnung halten.
4. Sind Sie bereit, bei jedem Wetter zwei bis drei lange Spaziergänge täglich mit Ihrem Hund zu unternehmen?
5. Collie und Sheltie verlieren während des Haarwechsels (bei der Hündin zum Beispiel 2 bis 3 Monate nach jeder Läufigkeit) büschelweise zuerst die Unterwolle, dann das Deckhaar.
6. Ein Rassehund ist in der Anschaffung nicht ganz billig. Für einen Welpen aus guter Zucht muß man mit 1200,– DM bis 1500,– DM rechnen. Dazu kommen die laufenden Futterkosten, Versicherung, Hundesteuer und eventuell Tierarztrechnungen.
7. Sind alle Familienmitglieder mit dem Kauf eines Collies oder Shelties einverstanden?
8. Ist niemand in der Familie allergisch gegen Hundehaare (→ Wichtige Hinweise, Seite 63)?
9. Erlaubt der Vermieter die Hundehaltung?
10. Collies und Shelties sind ausgesprochene Familienhunde, dürfen aber niemals ausschließlich nur für das Kind angeschafft werden.
11. Wer versorgt den Hund während Ihrer Urlaubszeit oder im Krankheitsfall?

Rüde oder Hündin?

Ob Sie sich einen Rüden oder lieber eine Hündin anschaffen, ist in erster Linie eine Sache der persönlichen Vorliebe. Ihre Wahl beeinflussen sollten vor allem die Hunde in der Nachbarschaft. Umgebungsbedingungen: Wenn Ihre Nachbarn ringsum Hündinnen-Besitzer sind, dann überlegen Sie sich gründlich, ob Sie einen kleinen Rüden in Ihr Haus nehmen. Erwachsene Collie- und Sheltie-Rüden werden oft unausstehlich, wenn Nachbarhündinnen läufig sind und an ihrem Gartenzaun vorbeigehen. Der liebeskranke Rüde wird versuchen, mit allen Mitteln zu seiner »Liebsten« zu kommen. Während dieser Zeit heult er oft herzzerreißend und vergißt das Fressen. Eine läufige Collie- oder Sheltie-Hündin dagegen bleibt gelassen und ruhig.
Äußerliche Unterschiede: Der Rüde wirkt natürlich imposanter durch seine Größe und Haarpracht. Die Hündin dagegen hat ein nicht ganz so üppiges

Bevor Sie sich einen Collie oder Sheltie zulegen, sollten Sie kritisch prüfen, ob Sie dem Hund ein glückliches Leben bieten können. Collies und Shelties sind sehr sensibel und würden einen Besitzerwechsel seelisch schwer verkraften.

Boder Collie-Welpen. In diesem Alter kuscheln sich die Kleinen noch eng aneinander.

Haarkleid. Der Haarwechsel verläuft bei der Hündin etwas stärker als beim Rüden. Viele Collie-Hündinnen werden erst etwa alle 9 Monate läufig (→ Seite 55). Die Läufigkeit bei einer Collie-Hündin merkt man kaum, da sie sich selbst durch Lecken sehr sauber hält.

Wesensunterschiede: Hier gibt es weder beim Collie noch beim Sheltie große Unterschiede zwischen Rüde und Hündin. Der Rüde ist genau so verschmust und anhänglich wie die Hündin. Auch im Umgang mit Kindern unterscheiden sich Rüde und Hündin nicht. Wer einen Rüden hält, muß jedoch darauf vorbereitet sein, daß es bei Spaziergängen leichter zu Beißereien mit anderen Rüden kommen kann.

Mein Tip: Für Anfänger in der Hundehaltung und einen Haushalt mit kleinen Kindern würde ich eine Hündin vorziehen.

Welpe oder erwachsener Hund?

Die Anschaffung eines Welpen hat ganz entscheidende Vorteile. Man kann auf die verschiedenen Entwicklungsphasen des Hundes direkten Einfluß nehmen, indem man ihn artgerecht hält und intensiv fördert. Das wiederum stärkt die Bindung zu seiner Menschenfamilie. Die Aufzucht eines Welpen kostet allerdings viel Zeit. Zum Beispiel bekommt ein Welpe drei Mahlzeiten täglich und er muß erzogen werden.

Ein erwachsener Hund macht diesbezüglich weniger Arbeit. Durch den Besitzerwechsel, die fremde Umgebung und die für ihn fremden Menschen ist der erwachsene Hund anfangs zumeist verunsichert. Er braucht Zeit, um sich einzugewöhnen und viel Verständnis während seiner Eingewöhnungsphase. Gehen Sie sehr behutsam mit einem erwachsenen Collie oder Sheltie um. Wenigstens eine Woche oder länger sollte der Hund nur im Garten bleiben, bevor man mit ihm kleine Spaziergänge unternimmt. Behalten Sie dabei den Hund immer an der Leine! Wenn Collie oder Sheltie sich vor etwas erschrecken, neigen sie nämlich dazu, die Flucht zu ergreifen.

Mein Tip: Für ältere Menschen kann die Anschaffung eines erwachsenen Hundes von Vorteil sein. Der Hund ist bereits stubenrein, mehr oder weniger gut erzogen und verhält sich ruhiger als ein Welpe.

Praktisch und leicht sauberzuhalten sind diese Liegeschalen aus Plastik. Das Material hält auch den spitzen Welpenzähnchen stand.

Ein oder mehrere Hunde?

Alle Hundebesitzer, die mehrere Collies, Shelties oder ein gemischtes Grüppchen halten, sagen: »Ein Hund ist kein Hund.« Ganz so ist es natürlich nicht. Der einzeln gehaltene Hund: Der Hund ist ein Meutetier. Mangels Artgenossen erkennt ein einzeln gehaltener Hund seine Menschenfamilie bereitwillig als »sein Rudel« an. Dies ist gewiß auch ein Grund für seine große Anhänglichkeit, Treue und Liebe zu seinem Besitzer und der ganzen Familie. Wenn allerdings gerade niemand Zeit hat, sich um ihn zu kümmern, leidet er. Ein Einzeltier braucht ständig Zuwendung, Beschäfti-

gung und wartet sehnsüchtig auf die täglichen Spaziergänge, selbst wenn der Garten noch so groß ist.

Die Haltung von mehreren Hunden: Wer es sich leisten kann, wird die Haltung von zwei oder mehreren Hunden nie bereuen. Auch sie erkennen bereitwillig »ihre Menschen« als ihr Rudel an, jedoch können zwei Hunde herrlich zusammen spielen und sich beschäftigen. Man kann zwei Hunde gut mehrere Stunden allein im Haus oder im Garten lassen. Sie fühlen sich nicht verlassen und einsam.

Ratsam ist es, zwei Hunde gleichen Geschlechts zu halten – es sei denn, man hätte die Möglichkeit, sie während der Läufigkeit der Hündin getrennt zu halten. Ist die Hündin sterilisiert, gibt es keine Probleme.

Möchten Sie Ihrem erwachsenen Hund einen Zweithund dazugesellen, entscheiden Sie sich am besten für einen Welpen oder einen erwachsenen Hund anderen Geschlechts.

Den Welpen nimmt ein erwachsener Hund nicht »für voll« und er fühlt sich deshalb nicht zurückgesetzt. Kommt ein erwachsener Hund zum Ersthund, müssen Sie dafür sorgen, daß der Ersthund solange die »erste Geige« spielen kann, bis er den anderen akzeptiert.

Ganz anders ist es mit zwei Welpen. Sie spielen und toben von Anfang an zusammen, jagen sich und üben gemeinsam Verhaltensweisen. Grundsätzlich gedeihen sie viel besser und problemloser als ein einzel gehaltener Welpe.

Wie Collie und Sheltie sich mit andere Heimtieren verstehen

In seiner Eigenschaft als Hütehund ist der Collie und auch der Sheltie anderen Tieren gegenüber nicht aggressiv oder jagdpassioniert. Beide verhalten sich eher vorsichtig im Umgang mit anderen

Tieren. Sie leben meist problemlos in einer Hausgemeinschaft mit Katzen und Kaninchen. Auch Hühner, Schafe und Pferde sind kein Thema, wenn diese zum Haus gehören.

Collie, Sheltie und Kinder

Ein Collie oder Sheltie, der mit Kindern aufwächst, ist der beste Kamerad, Spielgefährte und Beschützer. Er ist sanft und geduldig im Umgang mit Kindern. Seine Art zu spielen ist eher vorsichtig als wild. Kinder können einen Collie leicht an der Leine führen. Er wird sie nicht gleich umreißen, wenn er auf einem Spaziergang etwas Interessantes wahrnimmt.

Kennt er Kinder nicht, sondern lebt nur mit Erwachsenen zusammen, sind ihm Kinder äußerst unheimlich. Er wird ihnen ausweichen und einen großen Bogen um sie machen.

Kinder benehmen sich anders als Erwachsene. Sie springen, sind laut, werfen Spielzeug um sich und fuchteln mit Stöckchen, was einen Collie oder Sheltie, der Kinder nicht gewöhnt ist, völlig aus der Fassung bringen kann. Er wird zwar nicht aggressiv, aber er sucht das Weite oder verzieht sich still in einen anderen Raum.

Wie Sie den richtigen Züchter finden

Um einen typischen, dem Standard entsprechenden Collie, Sheltie oder Border Collie zu kaufen, wendet man sich an die Welpenvermittlungsstelle des Clubs für Britische Hütehunde e.V. oder an den Deutschen Collie Club e.V. (→ Adressen, Seite 62).

Nur die Züchter in diesen beiden Clubs unterliegen den strengen Auflagen und Kontrollen des Zuchtverbandes und des Dachverbandes VDH (→ Adressen, Seite 62).

• Lassen Sie sich mehrere Züchter-Adressen geben.

• Besuchen Sie mehrere Züchter und vergleichen Sie kritisch die Haltungsbedingungen der Hunde.

• Achten Sie darauf, daß alle Hunde gepflegt sind und sich zutraulich dem Züchter gegenüber verhalten.

• Wählen Sie nicht den erstbesten Welpen, der auf Sie zuläuft (→ Auswahl des Welpen, Seite 20).

• Ein gewissenhafter Züchter wird Sie gern bei der Auswahl des für Sie und Ihre Ansprüche passenden Welpen beraten.

• Wenn Sie ein Tier für Zucht und Ausstellung suchen, fragen Sie den Züchter, worauf es dann besonders ankommt.

• Haben Sie Ihrerseits auch Verständnis, wenn der Züchter Sie ein wenig ausfragt. Diese »Neugier« spricht nur für den Züchter, denn er fühlt sich verantwortlich dafür, daß seine Welpen einer guten Zukunft entgegensehen.

Hinweis: Kaufen Sie niemals einen Welpen bei gewissenlosen Hundehändlern. Zu erkennen sind sie meist daran, daß sie Welpen verschiedenster Rassen anbieten. Mutterhündin und Unterbringung der Hunde werden dem Käufer nicht gezeigt. Zwar erhalten Sie mit dem Kauf auch eine Ahnentafel für den Welpen (→ Seite 20). Doch auf der Urkunde fehlen die Zeichen der Dachverbände (VDH und FCI, → Ahnentafel, unten). Das bedeutet, die Hunde stammen aus unkontrollierten Zuchten. Wenn Sie auch im ersten Moment vielleicht Geld beim Kauf sparen, so sind die Welpen doch häufig krankheitsanfällig und müssen vom Tierarzt behandelt werden.

Impfpaß, Entwurmung und Ahnentafel

Impfpaß: Der VDH schreibt vor, daß ein Welpe nicht ohne die erste Grundimpfung abgegeben werden darf (→ Impfplan, Seite 54). Die Impfungen sind in

Wenn ein Collie oder Sheltie zusammen mit Kindern aufwächst, werden Hund und Kinder oft die besten Kameraden. Ist der Hund dagegen den Umgang mit Kindern nicht gewöhnt, verhält er sich ihnen gegenüber zurückhaltend.

einen Impfpaß eingetragen, den Ihnen der Züchter mitgibt.

Entwurmen: Welpen sind sehr anfällig für Spulwürmer, die auch Menschen befallen. Ein Hund sollte deshalb in regelmäßigen Abständen entwurmt werden (→ Seite 49). Normalerweise hat der Züchter seine Welpen vor dem Verkauf bereits entwurmt. Erkundigen Sie sich bei ihm, wie oft und mit welchem Wurmmittel der Welpe entwurmt wurde.

Mein Tip: Stellen Sie nach dem Kauf Ihren Welpen einem Tierarzt vor. Er kann ihn noch einmal gründlich untersuchen und wird mit Ihnen auch weitere Entwurmungstermine vereinbaren.

Die Ahnentafel: Die Ahnentafel ist ein Dokument im juristischen Sinn. Der eingetragene Käufer ist der rechtmäßige Besitzer des Hundes. Das Dokument ist Eigentum des Zuchtvereins und muß nach dem Tode des Hundes an diesen zurückgegeben werden. Rechtlich gesehen kann jeder einen Zuchtverein gründen und Ahnentafeln ausstellen. Prüfen Sie deshalb genau, ob die Ahnentafel Ihres Welpen vom Club für Britische Hütehunde e.V. oder vom Deutschen

Collie-Club ausgestellt wurde und ob darauf die Zeichen von VDH (Verein für das Deutsche Hundewesen) und FCI (Fédération Cynologique International) vermerkt sind. Dies ist besonders wichtig, wenn Sie vorhaben, mit Ihrem Collie oder Sheltie zu züchten oder ihn ausstellen wollen. Hunde ohne diese Ahnentafeln sind nicht offiziell anerkannt. Auch wenn Sie beides nicht beabsichtigen, sollten Sie auf die Zeichen achten, denn es gibt Ihnen die Garantie, daß Ihr Hund aus einer kontrollierten Zucht stammt.

Der Kaufvertrag

Bestehen Sie beim Kauf des Hundes auf einem Kaufvertrag. Er sichert sowohl den Käufer als auch den Züchter rechtlich ab. Bei gerichtlichen Auseinandersetzungen ist der Kaufvertrag von Nutzen.

Im Kaufvertrag sollte enthalten sein:
• Ihre Adresse und Telefonnummer sowie die des Züchters.
• Name und Geschlecht des Welpen, die VDH-Zuchtbuch-Nummer und seine Tätowiernummer.
• Der Welpenpreis.
• Lassen Sie sich vom Züchter schriftlich bestätigen, daß der Welpe am Tag der Abgabe keine Krankheit, erkennbare Erbschädigung oder einen zuchtausschließenden Fehler hat.

Sollten Sie über diese Punkte vorsätzlich getäuscht worden sein, steht Ihnen laut Gesetz ein Rückgaberecht zu.

Die Auswahl des Welpen

Bei der Welpenauswahl sollten Sie sich unbedingt vom Züchter beraten lassen. Er kann Ihnen den Hund mit den entsprechenden Veranlagungen für Ihre Ansprüche empfehlen. Lediglich vom Gesundheitszustand des Welpen können Sie sich selbst ein Bild machen:
• Ein gesunder Collie- oder Sheltie-Welpe sieht rund und wollig aus, mit

Collie-Welpe auf erstem Erkundungsgang.

Wenn Shelties zusammen mit Kindern aufwachsen, werden sie unzertrennliche Spielkameraden.

meistens noch zur Hälfte nach vorn gekippten Ohren.

• Der Welpe ist munter und spielt mit seinen Geschwistern.

• Die Augen sind blank und das wollige Fell ist sauber.

• Der Welpe sollte nicht schmal und hochbeinig aussehen mit dünnen Knochen und Stehohren – dies deutet auf falsche Ernährung.

• Achten Sie auch darauf, daß der Kot des Welpen nicht dünnflüssig ist. Dies zeigt Verdauungsprobleme an.

• Bei Collie-Rüden sollten im Alter von 8 Wochen beide Hoden fühlbar sein – nicht so bei Sheltie-Rüden. Da ist es nicht die Regel, sondern eher die Ausnahme. Beim Sheltie erscheinen die Hoden häufig sehr viel später.

Hinweis: Sollten Sie beim Besuch eines Zwingers schlafende Welpen vorfinden, bedenken Sie bitte, daß Welpen noch sehr viele Ruhephasen haben. Die Welpen sind deshalb nicht krank. Warten Sie einfach ab, bis die Kleinen ausgeschlafen haben.

Die richtige Grundausstattung

Die Grundausstattung für Collie und Sheltie besteht aus: Schlafkorb, Halsband und Leine, Futter- und Wassernapf, Spielzeug und Pflegeutensilien.

Schon bevor Sie sich den Hund ins Haus holen, sollte seine Grundausstattung bereitstehen.

Schlafkorb: Die meisten Collies und ganz besonders Shelties lieben einen Hundekorb mit einer weichen Einlage oder Decke. Er soll so groß sein, daß der Hund sich darin lang ausstrecken kann. Sehr zu empfehlen sind die praktischen Liegeschalen aus Plastik (→ Zeichnung, Seite 18).

Halsband und Leine: Beides sollte für Collies und Shelties möglichst schmal und leicht sein. Gut geeignet sind textile Materialien. Um den Welpen an die Leine zu gewöhnen, empfiehlt sich anfangs ein Halsband, das durch eine Schnalle verstellbar ist. Es muß so eingestellt sein, daß es nicht über den Kopf rutschen kann, wenn er bockt oder rückwärts geht. Erwachsenen Collies und Shelties sollten Sie bei Spaziergängen ein dünnes Würgehalsband umgelegen. Beide haben sehr kleine Köpfe und könnten leicht aus einem herkömmlichen Halsband herausschlüpfen. Ein breites Lederhalsband ist ungeeignet, da es die Haare an der Halskrause beschädigt. Um die Leinenführigkeit zu üben, ist anfangs eine kurze Leine ratsam. Später ermöglicht eine 5-Meter-Aufrollautomatikleine dem Hund einen größeren Bewegungsradius.

Futter und Wassernäpfe: Die Näpfe sollten aus Edelstahl, Ton oder Keramik bestehen und am Boden mit einer Gummileiste versehen sein. Solche Gefäße sind stand- und rutschfest und leicht sauberzuhalten.

Spielzeug: Der Zoofachhandel bietet eine große Auswahl an geeignetem Hundespielzeug. Mit Vorliebe benagen Welpen Spielzeuge aus Büffelhaut. Auch ein trockenes Brötchen oder Brotkanten eignen sich vorzüglich als Nagebeschäftigung.

Pflegeutensilien: Für die Fellpflege genügt beim Welpen eine Bürste mit Naturborsten und für den erwachsenen Hund ein Metallkamm und eine Drahtbürste (→ PRAXIS-Seiten 42/43)

Futter: Erkundigen Sie sich beim Züchter, was der Welpe bisher zu fressen bekommen hat. Besorgen Sie sich rechtzeitig das gleiche Futter, denn Welpen reagieren auf abrupte Futterumstellungen meist mit Verdauungsstörungen.

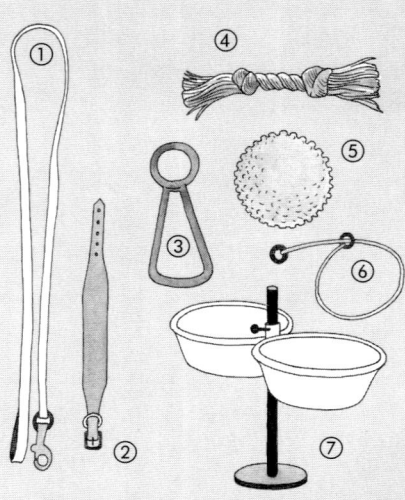

Grundausstattung: Leine ①, Halsband ②, Würgehalsband ⑥, Spielzeug wie Ziehspiel ③, ein Stück Tau ④, Quietschtier aus Vollgummi ⑤ und ein höhenverstellbarer Futternapf ⑦.

Der Welpe kommt ins Haus

Ihr Welpe ist jetzt acht Wochen alt, und Sie können ihn beim Züchter abholen. Meist wohnt der Züchter nicht in unmittelbarer Nähe. Die bequemste Reiseart ist für den Kleinen dann die Autofahrt. Vereinbaren Sie mit dem Züchter vorher den genauen Abholtermin, denn mehrere Stunden vor der Reise darf der Welpe nichts mehr zu fressen bekommen. Es könnte ihm sonst während der Fahrt übel werden, was ihm das Reisen per Auto unter Umständen für immer verleidet.

Der Transport

Am besten holen Sie den Kleinen zu zweit ab. Vergessen Sie nicht – besonders bei langen Autofahren – etwas Wasser zum Trinken für den Hund mitzunehmen.

Die erste Autofahrt mit für ihn noch fremden Menschen ist für den Welpen oft erschreckend. Deshalb ist es sehr wichtig, daß er während der Fahrt auf dem Schoß gehalten und beruhigend gestreichelt wird. Legen Sie ein Handtuch oder auch einfach eine Zeitung unter den Welpen, denn es kann sein, daß der Kleine vor Aufregung »pieselt« oder sich übergeben muß.

Bei längeren Autofahrten sollten Sie etwa stündlich eine Pause einlegen. Führen Sie den Hund an der Leine nach draußen, damit er sich lösen kann. Jetzt darf er auch Wasser trinken.

Mein Tip: Wenn der Welpe als Zweithund in sein neues Zuhause kommt, bringen Sie den Ersthund zum Abholen mit. Der »Alte« fühlt sich dadurch in die Aktion miteinbezogen.

Die ersten Tage und Nächte

Collies und Shelties sind sehr sensibel und empfindsam. Plötzlich allein, ohne Mutter und Geschwister und in fremder Umgebung zu sein, kann zum Schockerlebnis für das Hundekind werden. Gehen Sie deshalb behutsam mit dem Welpen um. Geben Sie ihm Zeit, seine neue Welt zu entdecken und in Ruhe zu erkunden. Kinder sollten sich nicht gleich auf ihn stürzen. Freunde und Nachbarn, die den Kleinen bewundern möchten, sollten auf einen anderen Tag vertröstet werden. Vermeiden Sie in den ersten Tagen, den Welpen lauten Geräuschen wie zum Beispiel Staubsaugen, Türenknallen oder zu lautes Toben der Kinder auszusetzen. Möglicherweise hat er dies beim Züchter nicht kennengelernt und muß erst vorsichtig daran gewöhnt werden.

Den Schlafplatz des Welpen richten Sie am besten in der Küche ein. Dort ist der Boden meist gefliest und wenn ein »kleines oder großes Malheur« passiert, kann es leicht beseitigt werden. Geben Sie dem Welpen sein Spielzeug, besonders Kauknochen, in sein Körbchen oder auf sein Lager, damit er sich dort in Ruhe beschäftigen kann.

Neben dem Schlafplatz steht seine gefüllte Futterschüssel und der Wassernapf. Nun lassen Sie ihm Zeit, alles zu beschnüffeln und zu ergründen. Sie werden feststellen, daß der Welpe große Angst hat, allein zu bleiben und bestrebt ist, Ihnen auf Schritt und Tritt hinterherzulaufen.

Hinweis: Wundern Sie sich nicht, wenn sich Ihr Collie auf den blanken Fußbo-

Einen Welpen, der plötzlich von Mutter und Geschwistern getrennt ist, überkommt oft in den ersten Tagen und Nächten in seiner neuen Umgebung »der große Jammer«. Lassen Sie den Kleinen in der ersten Zeit nie für längere Zeit alleine.

Border Collie beim Hüten einer Schafherde. Geduckt schleicht er sich an die Herde an.

den legt. Ihm ist es dann einfach zu heiß in der Wohnung und in seinem Körbchen. Shelties dagegen lieben es immer mollig warm und weich.

Die ersten Nächte wird sich der Welpe nach Mutter und Geschwistern grämen. Stellen Sie deshalb sein Schlafkörbchen mit seiner Decke neben Ihr Bett. Beginnt er zu jammern, können Sie den Kleinen durch Streicheln beruhigen. Hilfreich ist es auch, dem Welpen einen alten Pullover oder ähnliches von Ihnen in sein Körbchen zu legen. Er kennt jetzt Ihren Geruch bereits und fühlt sich so nicht mehr verlassen.

Später ergibt es sich von selbst, daß der Hund dort schläft, wo Sie es für ihn bestimmt haben.

Mein Tip: Hüten Sie sich aber davor, den Welpen in Ihr Bett zu holen. Durfte er es einmal, möchte er es immer – auch als erwachsener Hund.

So wird der Welpe stubenrein

Vor allem direkt nach dem Essen und nach Ruhephasen muß ein Welpe sich lösen. Tragen Sie ihn dann schnell nach draußen und setzen Sie ihn dorthin, wo er sein »Geschäftchen« erledigen soll. Beim Hochheben eine Hand unter die Brust des Welpen, die andere unter sein Hinterteil schieben (→ Zeichnung, Seite 27).

Anzeichen, daß der Welpe mal »muß«, sind unruhiges Verhalten und aufgeregtes Schnüffeln mit der Nase am Boden; er beginnt, sich um sich selbst zu drehen; er krümmt den Rücken und drückt, er läuft zur Haustüre oder sitzt abwartend davor.

Loben und streicheln Sie den Welpen ausgiebig, wenn er es geschafft hat, sich erst draußen zu lösen.

Tadeln und strafen Sie den Kleinen auf keinen Fall, wenn das Malheur doch einmal in der Wohung passiert. Sowohl Collies als auch Shelties reagieren auf Strafen ganz besonders empfindlich. Sie bekommen Angst vor ihrem Besitzer und bereits erworbenes Vertrauen ist zunichte.

Wenn es mal danebengeht und in Ihrer Gegenwart passiert, setzen Sie den Welpen trotzdem draußen an die dafür vorgesehene Stelle. Häufchen werden mit Hilfe einer Schaufel ebenfalls dorthin gebracht. Der Welpe wird so schnell begreifen, daß er sich hier lösen soll. Eingenäßte Stellen in der Wohnung reinigen Sie mit einem Putzmittel, das den Uringeruch überdeckt. Im Zoofachhandel gibt es dafür auch Spezialmittel.

Stubenrein sind vor allem Collies meist innerhalb weniger Tage. Bei den Shelties kann es etwas länger dauern. Wichtig ist, daß Sie den Welpen ständig in Ihrer Nähe haben und sofort reagieren, wenn Sie die oben beschriebenen Anzeichen bemerken. Darf der Welpe neben Ihrem Bett schlafen, sollten Sie ihn auch nachts nach draußen bringen, wenn er unruhig wird. Von allen Hundebesitzern, die ihre Welpen mit ins Schlafzimmer nahmen, hörte ich, daß die Stubenreinheit eine Frage von Tagen war.

Als Problem empfinden es manche Hundebesitzer, daß ihr Welpe sich nicht beim Spaziergang löst, sondern erst zu Hause im eigenen Garten. Diese Reaktion ist völlig natürlich. Der Welpe oder junge Hund ist auf dem Spaziergang in anderer Umgebung durch Geräusche, Gerüche und fremde Menschen zu sehr abgelenkt. Er vergißt sich zu lösen oder verkneift sich das »Geschäft« im wahrsten Sinne des Wortes, bis er wieder in seiner gewohnten Umgebung ist. Hier hat er endlich Ruhe und keinen »Streß«. Ist der Hund einmal erwachsen, ändert sich sein diesbezügliches

Verhalten total. Jetzt wird er regelrecht darauf warten ausgeführt zu werden, um sich zu lösen. Aus den Hinterlassenschaften können Hunde interessante Informationen über Artgenossen entnehmen (→ Seite 28 und 31).

Gefahrenquellen im Haus

Treppen: Steile, glatte Treppen oder Treppen ohne Geländer sind für den Welpen gefährlich. Durch Stürze kann er sich Prellungen oder Brüche zuziehen. Versperren Sie ihm vorerst Treppenauf- und -abgänge zum Beispiel durch ein Gitter oder ein Netz. Das Treppenlaufen müssen Sie mit dem Welpen üben. Setzen Sie ihn auf die erste Stufe und helfen Sie ihm vorsichtig herunter. Dies übt man Stufe für Stufe. Glatte Treppen sollten für den Hund mit Teppichboden versehen werden.

Türen: Offene Türen können durch Zugluft zuschlagen und den Welpen einquetschen. Außerdem erschreckt sich ein Welpe durch den Knall. Glastüren sollten Sie beispielsweise mit einem Fensterbild oder ähnlichem »sichtbar« machen. Es passiert immer wieder, daß Hunde mit voller Wucht gegen eine für sie unsichtbare geschlossene Glastür laufen und sich eine Gehirnerschütterung zuziehen.

Elektrokabel: Sie müssen für den Hund unerreichbar sein oder aber dürfen keinen Strom führen (Kabel aus der Steckdose ziehen). Besonders Welpen nagen mit Vorliebe an Kabeln und können bei einem stromführenden Kabel einen tödlichen Stromschlag bekommen.

Balkon: Er muß entweder mit einem Netz oder mit Verblendungen so absichert werden, daß keine Absturzgefahr besteht.

Zimmerpflanzen: Giftige oder stachelige Pflanzen nicht in Reichweite des

Die Wohnung muß schon, bevor der Welpe bei Ihnen einzieht, »hundesicher« gemacht werden. Dazu gehört zum Beispiel das Absichern aller stromführenden Kabel, denn besonders Welpen kauen mit Vorliebe daran herum. Führt ein Kabel Strom, kann der Hund einen tödlichen Schlag bekommen.

Es sollte selbstverständlich sein, daß der Garten »hundesicher« gemacht wird. Dazu gehört zum Beispiel eine sichere Umzäunung. Besonders wenn in der Nachbarschaft Hündinnen leben, hat schon so mancher liebeskranker Rüde einen zu niedrigen Zaun mit einem Sprung hinter sich gelassen.

Welpen stehen lassen (→ Bücher, die weiterhelfen, Seite 62). Es besteht Vergiftungs- oder Verletzungsgefahr.

Chemikalien und Putzmittel: Welpen lecken mit Vorliebe aus Neugier an allen möglichen Dingen. Chemikalien und Putzmittel deshalb an einem für den Welpen unerreichbaren Platz aufbewahren.

Scherben, Nägel und Nadeln: Sie dürfen nicht in der Wohnung herumliegen. Erwachsene Collies und Shelties neigen zwar nicht dazu, Fremdkörper, mit denen sie spielen, zu verschlucken. Doch für einen Welpen kann man nie garantieren.

Gefahrenquellen im Garten

Umzäunung: Damit der Hund nicht weglaufen kann, ist es wichtig, den Garten zu umzäunen. Der Zaun sollte mindestens 1,25 m bis 1,50 m hoch sein.

Swimmingpool und Gartenteich: Der Hund kann hineinfallen und ertrinken, besonders wenn die Ränder steil oder mit Folie ausgekleidet sind. Teiche mit flachem Ufer und natürlichem Untergrund sind keine Gefahr. Jeder Hund kann schwimmen. Er muß nur die Möglichkeit zum Herausklettern haben. Legen Sie zum Beispiel ein Brett in den Gartenteich oder sichern Sie den Pool mit einem Netz.

Schädlingsbekämpfungsmittel: Verwenden Sie kein Mäusegift, Schneckenkorn oder Unkrautvernichtungsmittel im Garten. Der Hund kann sich daran vergiften oder verätzen.

Mit dem Hund auf Reisen

Wenn das Reiseziel geeignet ist, sollte man den Hund, der ja inzwischen ein Familienmitglied geworden ist, mitnehmen.

Urlaub in den Bergen oder am Meer sind empfehlenswerte Reiseziele, besonders wenn damit Wanderungen verbunden sind.

Städtereisen sind für Collies und Shelties ungeeignet. Hier können Lärm und Verkehr für den Hund sogar zum Schockerlebnis werden.

Hinweis: Manche Länder haben strenge Quarantänebestimmungen für die Einreise von Hunden. Informieren Sie sich rechtzeitig entweder beim Konsulat des jeweiligen Landes oder bei Ihrem Tierarzt. Auch wenn Sie planen, Ihren Urlaub mit Hund im Hotel oder in einer Ferienwohnung zu verbringen, müssen Sie sich vorher erkundigen, ob Hunde willkommen sind.

Wie Sie mit Hund am besten reisen

Autoreise: Es gibt Collies und Shelties, die leidenschaftlich gern im Auto mitfahren und auch solche, die es notgedrungen ertragen. Manchen Hunden wird es bei Autofahrten übel. Gegen die Reisekrankheit kann der Tierarzt dem Hund ein wirksames Mittel verordnen.

Grundsätzlich gehört der Hund auf den Rücksitz. Gesichert wird er mit einem Gurt oder einer speziellen Hundesicherung (im Zoofachhandel erhältlich). Legen Sie bei langen Autofahrten stündlich eine Pause ein. Gehen Sie mit dem angeleinten Hund ein paar Schritte, damit er sich lösen kann. Jetzt bekommt er auch Wasser, damit er seinen Durst stillen kann. Denken Sie daran, daß ein Auto, das in der Sonne steht, für den Hund zur Hitzefalle werden kann. Schon viele Hunde sind an einem Hitzschlag gestorben. Muß der Hund einmal für kurze Zeit im Auto zurückbleiben, stellen Sie den Wagen in den Schatten und sorgen Sie für ausreichende Luftzufuhr. Im Zoofachhandel werden spezielle einbruchsichere Scherengitter angeboten. Sie lassen sich problemlos ins Autofenster einbauen.

Bahnreise: Der Hund darf bei Bahnfahrten im Abteil mitreisen. Sie müssen jedoch eine Kinderfahrkarte für ihn kaufen.

Flugreise: Der Collie muß in jedem Fall in einer Transportkiste im Frachtraum reisen. Ein Sheltie darf – je nach Größe und Gewicht – eventuell im Passagierraum mitreisen. Erkundigen Sie sich rechtzeitig bei der jeweiligen Fluggesellschaft.

Hinweis: Die Reise in einer engen Transportkiste ist sowohl für den Collie als auch für den Sheltie ein Schockerlebnis.

Wenn der Hund daheim bleiben muß

Am besten ist es, Sie finden jemand, der während Ihrer Abwesenheit bei Ihnen wohnt und den Hund in seiner gewohnten Umgebung versorgt. Wichtig ist, daß der Hund diese Person bereits vorher kennengelernt hat.

Bei Bekannten oder Verwandten können Sie Ihren Hund auch unterbringen. Schärfen Sie Ihnen aber ein, den Hund nicht überall mit hinzunehmen, sondern lieber im Garten oder im Haus zu lassen. Collie und Sheltie bleiben nicht gerne in einer fremden Umgebung und nutzen jede Gelegenheit wegzulaufen.

Der Züchter ist oft auch bereit, den Hund vorübergehend in Pflege zu nehmen. Fragen Sie ihn beim Kauf des Welpen danach.

Hundepensionen sollten Sie sich vorher genau ansehen. Achten Sie auf den Pflegezustand der anderen »Pensionsgäste« und sehen Sie sich die Unterbringungsmöglichkeiten an. Für einen Familienhund ist die Zwingerhaltung sehr ungewohnt. Sowohl Collie als auch Sheltie werden in den ersten Tagen kaum Futter annehmen, denn sie »verstehen die Welt nicht mehr«. Besuchen Sie auf jeden Fall die Pension vorher mehrmals mit dem Hund, damit ihm die

Umgebung und das Pflegepersonal nicht mehr ganz so fremd sind. Wichtig ist, daß Sie dem Hund etwas Eigenes mitgeben, beispielsweise seinen Hundekorb oder ein altes Kleidungsstück von Ihnen. Vergessen Sie nicht, einen Blick in den Impfpaß zu werfen. Wenn eine Wiederholungsimpfung fällig ist, sollten Sie sie unbedingt noch vom Tierarzt vornehmen lassen. Auch ein Flohhalsband (aus dem Zoofachhandel) kann sich als nützliches Utensil für Ihren Hund erweisen.

Hinweis: Zwei Hunde, die sich gut kennen, verkraften das Getrenntsein von ihrer Familie um vieles leichter, wenn sie zusammenbleiben können.

Richtiges Hochheben des Welpen: Eine Hand unter seine Brust legen, die andere unter sein Hinterteil.

Collies und Shelties verstehen lernen

Der Hund und seine wölfische Vergangenheit

Der Vorfahre des Hundes ist der Wolf. Obwohl der Hund schon seit Jahrtausenden domestiziert ist, also zum Haustier wurde, trägt er noch immer wölfisches Erbe in sich. Zum Beispiel ist der Hund ebenso wie der Wolf auf ein Leben im Rudel ausgerichtet. Für den einzeln gehaltenen Hund sind »seine Menschen« sein Rudel, mit dem er soviel wie möglich zusammensein möchte. Deshalb ist es nicht artgerecht für einen Hund, ihn täglich mehrere Stunden alleine zu lassen. Außerdem braucht ein Hund auch das Zusammensein mit Artgenossen, um zu spielen oder um artgemäße Verhaltensweisen ausleben zu können.

Mein Tip: Hundehalter sollten sich über das Leben der Wölfe informieren, um ihren Hund besser verstehen zu lernen.

Zu aufregenden Taten bereit scheint dieser Border Collie-Welpe zu sein. Erwartungsvoll schaut er die Fotografin an.

Wie Hunde »sprechen«

Die Verständigung untereinander und mit dem Menschen verläuft mittels optischer, akustischer und geruchlicher Signale.

Optisch drückt der Hund durch Mimik, Haltung der Ohren und der Rute sowie mit Hilfe der Rückenhaare die verschiedenen Stimmungen aus, in denen er sich befindet (→ PRAXIS-Seiten 30/31).

Akustische Signale sind die verschiedenen Laute, über die ein Hund verfügt (→ unten).

Geruchliche Informationen entnimmt ein Hund beispielsweise aus den Hinterlassenschaften von Artgenossen. Aber auch der Mensch gibt in bestimmten Situationen zum Beispiel bei Angst entsprechende »Düfte« von sich, aus denen ein Hund Informationen entnehmen kann.

Die Lautsprache

Hunde können sehr differenzierte Laute von sich geben.

Bellen: Collies und Shelties bellen sehr gern, wenn ihnen etwas unheimlich erscheint. Es ist eine Warnung. Fremde Menschen oder Tiere werden angebellt. Bellen kann aber auch große Freude ausdrücken und eine Aufforderung zum Spielen sein.

Knurren: Dies ist eine Art Drohung, die von Collies und Shelties selten bei Menschen Anwendung findet. Hunde knurren sich an, wenn sie sich nicht mögen oder einer dem anderen etwas wegnehmen will. Auch vor Raufereien ist das Knurren zu hören.

Schrei: Er ist ein Zeichen von Schmerz oder Angst, besonders bei Welpen. Ein erwachsener Collie oder Sheltie schreit nur bei großem Schmerz kurz auf, ist dann aber still und leidet stumm.

Winseln: Dies kann ein Ausdruck von Unterwürfigkeit sein oder wird beim Betteln angewandt. Bei großen Schmerzen ist das Winseln auch als eine Art Jammern zu vernehmen. Es gibt Unterschiede in der Art des Winselns. Achten Sie darauf, wie der Hund sich dabei verhält.

Heulen: Es ist eines der deutlichsten Erbanlagen aus Urzeiten. Es drückt meist Einsamkeit aus. Der Rüde kann aus Liebeskummer herzzerreißend heulen.

Wieviel Spaß diesem Collie das Joggen zusammen mit Frauchen macht, ist ihm direkt anzusehen.

Nicht nur durch Laute, sondern auch durch eine ausdrucksvolle Körpersprache können Hunde sich mitteilen und ihre jeweilige Stimmung zum Ausdruck bringen. Wenn Sie Ihren Hund genau beobachten, finden Sie sehr schnell heraus, in welcher Stimmung er sich gerade befindet.

Die Signale der Rute

Die Haltung der Rute ist ein untrügerisches »Stimmungsbarometer«.

Wedeln: Das Hinundherwedeln der Rute bedeutet Freude und Freundlichkeit. Je stärker Ihr Collie oder Sheltie wedelt, umso größer ist seine Freude.

Hängende oder waagerechte Rute: Wird die Rute hängend oder waagrecht getragen, drückt dies Gelassenheit und Entspannung aus.

Hoch getragene Rute: Die hoch getragene Rute zeigt Selbstbewußtsein und Erregung an. Wenn sich zum Beispiel zwei Rüden begegnen, kann es auch Aggression ausdrücken.

Eingezogene Rute: Die zwischen die Hinterbeine geklemmte Rute drückt aus, daß der Hund Angst hat und unsicher ist.

Die Signale der Ohren

Zeichnung 1 und 2
Collies und Shelties verfügen über ein sehr ausdrucksvolles Ohrenspiel, das aber immer in Zusammenhang mit der Mimik betrachtet werden muß.

Nach vorn aufgerichtete Ohren: Sie signalisieren Aufmerksamkeit. Der Hund hat etwas Interessantes entdeckt und beobachtet nun aufmerksam.

Leicht seitlich getragene Ohren: Sie zeigen Entspannung an. Auch bei Langeweile ist diese Ohrhaltung zu beobachten.

Stark zurückgelegte Ohren: Ist diese Ohrhaltung mit einem »lachenden« Gesichtsausdruck verbunden, bedeutet sie Freundlichkeit und Zärtlichkeit (→ Zeichnung 1).
Zurückgelegte Ohren verbunden mit einem bösen Gesichtsaus-

![Zeichnung Spielgesicht]

1 Als »Spielgesicht« wird diese Mimik des Hundes bezeichnet.

druck können Angriffsbereitschaft signalisieren.
Aber auch bei Angst, Schmerz, Unbehagen und Trauer sind die Ohren zurückgelegt.

Aufforderung zum Spiel

Verbunden mit dem »Spielgesicht« (→ Zeichnung 1), wobei die Schnauze etwas geöffnet und die Oberlippe leicht zurückgezo-

gen ist, nimmt der Hund eine Haltung ein, die seinen Partner zum Spiel auffordert.
Er legt die Vorderläufe auf den Boden, reckt das Hinterteil leicht in die Höhe und tänzelt mit den Hinterläufen hin und her. Die Ohren werden immer wieder zurückgelegt, wobei er seinen Spielpartner nicht anschaut. Oft wird die Spielaufforderung von freudigem Bellen begleitet. Die Augen des Hundes verraten freudige Erregung.
Jetzt sollten Sie die Aufforderung zum Spiel annehmen und vielleicht ein Ziehspiel mit einem Stück Tau, ein kleines Wettrennen oder ein Ballspiel anschließen.

2 Dieser Ausdruck zeigt Aggression. Der Hund beißt gleich zu.

Nasenstupsen

Zeichnung 3
Collies und Shelties stupsen gern mit der Nase unter die Hand, den Arm oder ins Gesicht »ihres Menschen«. Es ist ein Zeichen von Zärtlichkeit. Der Hund möchte gestreichelt werden. Das Nasenstupsen kann aber auch z. B. eine Aufforderung zum Spaziergang bedeuten.

3| *Das Nasen-stupsen ist eine freundliche Geste, die Zärtlichkeit ausdrückt. Der Hund möchte dann gern gestreichelt werden.*

Auf den Rücken legen
Zeichnung 4
Damit demonstriert der Hund Unterwürfigkeit dem Stärkeren gegenüber. Diese Demutsgebärde veranlaßt bei Auseinandersetzungen den Stärkeren, sofort von seinem Gegner abzulassen. Welpen legen sich erwachsenen Hunden gegenüber sofort auf den Rücken, ebenso junge Hunde, wenn sie ältere treffen. Es ist eine instinktive Schutzmaßnahme.

Ins Gesicht lecken
Hunde untereinander lecken sich ins Gesicht, über die Augen und die Lefzen – ein Zeichen großer Zuneigung oder sogar Verehrung für den anderen. Welpen begrüßen ihre Mutter, indem sie ihr die Lefzen lecken und Hündinnen lecken zärtlich das Gesicht eines Welpen. Auch wenn viele Menschen es als Unart empfinden, wenn der Hund ihnen das Gesicht leckt, so ist es doch eine typische Verhaltensweise mit besten Absichten.

Anspringen
Hunde springen sich gegenseitig an, wenn sie sich freuen und spielen. Es ist ein Ausdruck von Zuneigung, Freude und Spaß am Spiel. Wenn Sie diese Art des Zuneigungsbeweises ablehnen, können Sie ihm das Anspringen abgewöhnen (→ Seite 36).

Markieren und Schnüffeln
Wenn der Rüde erwachsen wird, fängt er an, sein Revier zu markieren. Er hebt das Bein an Bäumen, Pfosten, Hausecken und Büschen. Dabei setzt er überall etwas Urin ab. Der nächste Rüde, der vorbeikommt, tut das gleiche, indem er die Markierung seines Vorgängers überdeckt. Aus den Hinterlassenschaften können Hunde Informationen entnehmen, so zum Beispiel wer vorher da war.
Hündinnen markieren ebenfalls. Wenn sie läufig sind, setzen sie sich während des Spaziergangs häufiger als sonst hin, um Duftmarken mit ihrem Urin zu hinterlassen. Damit will die paarungsbereite Hündin Rüden anlocken. Besonders Rüden schnüffeln intensiv den Boden ab, um sich auf diese Weise über ihresgleichen in der Nachbarschaft zu informieren.
Hunde haben eine überaus feine Nase. Die Menschen nutzen diese Fähigkeiten zum Beispiel bei der Fahndung nach Rauschgift oder bei der Fährtensuche. Wie empfindsam eine Collie-Nase sein kann, zeigt folgendes Beispiel: Ich betrat das Wohnzimmer mit einem Collie, der plötzlich anfing zu schnuppern und sich so irritiert benahm, als sei ein Fremder im Raum. Schließlich entdeckte er »das Fremde«. Es war ein eben eingetroffener Brief von Freunden auf dem Tisch, die ich mit dem Collie schon oft besucht habe. Offensichtlich hafteten dem Brief dem Collie vertraute Gerüche an. Es ist typisch für Collies und Shelties, daß sie Briefe aus vertrauter Umgebung mit großer Freude durchschnüffeln und regelrecht »lesen«.
Hinweis: Übrigens ist Zigarettenrauch für Hunde, die ihn nicht gewöhnt sind, mit ihrer empfindliche Nase sehr unangenehm.

4| *»Auf den Rücken legen« ist eine Unterwürfigkeitsgeste.*

Erziehung und Spiel

Schon vom ersten Tag an, wenn Ihr Collie- oder Sheltiewelpe zu Ihnen ins Haus kommt, sollten Sie mit seiner Erziehung beginnen. Für seine gesunde Entwicklung ist es unbedingt wichtig, dem Hund Verhaltensrichtlinien zu geben. Er muß wissen, was er darf und was nicht. Das gibt dem Hund das Gefühl, sich auf »seinen Rudelführer« verlassen zu können. Es macht ihn sicher. Auch im Wolfrudel herrscht eine strenge Ordnung, und die Welpen müssen sich von klein auf an die Regeln halten und lernen, sich in das Rudel einzufügen.

Collie mit dem typischen weichen, lachenden Gesichtsausdruck.

Spielerisch lernen

Erziehung ist nicht gleichbedeutend mit Drill. Im Gegenteil, der Hund soll freudig lernen. Dies erreichen Sie, indem Sie Situationen herbeiführen, in denen der Hund von sich aus das tut, was Sie von ihm möchten. Beispiel: Der Welpe soll das Kommando »Sitz« lernen. Heben Sie dazu sein Futterschüsselchen etwa in Ihre Brusthöhe und geben Sie das Kommando »Sitz«. Der Hund schaut automatisch zu Ihnen auf und setzt sich dabei. Ganz schnell wird er begreifen – später auch ohne Futterschüssel – was Sie von ihm erwarten.

Anfangs sollte immer mit einer freßbaren Belohnung zum Beispiel Hundekuchen gearbeitet werden. Das motiviert den Hund im positiven Sinne.

Erziehungsregeln

1. Die Erziehung des Hundes sollte anfangs immer die gleiche Person innerhalb der Familie übernehmen.

2. Alle Familienmitglieder müssen die gleichen kurzen und klaren Kommandos verwenden, wenn der Hund etwas befolgen soll. Alles andere verwirrt den Hund.

3. Alle Familienmitglieder müssen sich dem Hund gegenüber konsequent verhalten. Es darf ihm beispielsweise nicht einer erlauben, im Bett zu schlafen, der andere dagegen nicht.

4. Hat der Hund eine Übung brav absolviert, vergessen Sie nicht, ihn ausgiebig zu loben.

5. Wenn der Hund einmal getadelt werden muß, weil er absolut nicht gehorchen will, tun Sie dies in einem scharfen Tonfall etwa mit dem Kommando »Pfui«. Denken Sie daran, daß der Hund immer sein zuletzt gezeigtes Verhalten mit dem Tadel verknüpft. Ist Ihr Hund zum Beispiel weggelaufen und kommt nach einiger Zeit zurück, dürfen Sie ihn nicht schimpfen. Er verknüpft die Strafe dann mit seinem Zurückkommen und nicht mit dem Weglaufen. Eine nachdrückliche und hundegerechte Art, den Hund zu strafen, ist folgende Methode. Packen Sie den Hund im Nackenfell und schütteln Sie ihn kurz hin und her.

6. Üben Sie regelmäßig mit dem Hund.

7. Beginnen Sie erst mit der nächsten Übung, wenn die vorangegangene klappt.

8. Es genügt, wenn Sie mit dem Welpen bis zu seinem sechsten Lebensmonat etwa zwei- bis dreimal am Tag etwa zwei bis vier Minuten »arbeiten«. Übungszeiten immer nach Ruhephasen des Welpen legen.

Spielerisch rollt sich der Collie auf den Rücken, um sich kraulen zu lassen.

9. Für den heranwachsenden Hund erhöht man die Übungszeiten allmählich. Wenn Sie merken, daß Ihr Schützling nicht mehr so konzentriert bei der Sache ist, legen Sie eine Spielpause ein.

Was die Wesensunterschiede der Rassen für die Erziehung bedeuten

Collie: Das sensible Wesen, die Feinfühligkeit und die auffallende Lernfähigkeit machen es dem Colliebesitzer sehr leicht, in kürzester Zeit einen wohlerzogenen Hund um sich zu haben.

Sheltie: Der Sheltie ist lebhafter und daher etwas unkonzentrierter bei der Sache. Er ist aber außerordentlich sensibel und lernt leicht.

Border Collie: Er ist im Wesen unvergleichlich temperamentvoller als der Collie. Einem Border Collie-Welpen muß von Anfang an mit Nachdruck klar gemacht werden, daß Sie der Rudelführer sind und er bedingungslos gehorchen muß.

Erziehung gibt dem Hund nicht nur Sicherheit, sondern ermöglicht ihm auch mehr Freiheit. Einen folgsamen Hund können Sie problemlos fast überhall hin mitnehmen.

An Halsband und Leine gewöhnen

Halsband: Mit etwa 3 Monaten wird Ihr Welpe an das Halsband gewöhnt (→ Seite 22). Legen Sie es ihm zunächst in der Wohnung an, und lassen Sie ihn einen Tag damit herumlaufen. So wird er mit dem Halsband vertraut.

Mein Tip: Dem kleinen Sheltie-Welpen legt man anfangs am besten ein Katzengeschirr an. Später bekommt auch er ein leichtes dünnes Halsband.

Leine: Betrachtet der Welpe das Halsband als etwas Selbstverständliches, wird er das erste Mal angeleint. Üben Sie dies ebenfalls in der Wohnung oder im umzäunten Garten, keinesfalls auf der Straße. Plötzlich seiner Freiheit beraubt, wird sich der Welpe sicher gegen die Leine stemmen. Geben Sie dann nach, und lockern Sie die Leine. Wenn er wegläuft, folgen Sie ihm, halten dabei aber die Leine weiter in der Hand. Versuchen Sie jetzt, ihn immer wieder einmal sanft zu sich herzuziehen. Kommt der Welpe freiwillig auf Sie zu, loben und streicheln Sie ihn und geben ihm gleichzeitig einen Leckerbissen. Ziehen Sie den Welpen niemals gewaltsam hinter sich her. Das verschreckt und ängstigt ihn nur.

Das Kommando »Sitz«

Zeichnung 1
Lernziel ist, daß sich der Hund auf das Kommando »Sitz« hinsetzt und erst nach Ihrer Aufforderung wieder aufsteht und weiterläuft.

So wird geübt: Trainieren Sie den Hund mit oder ohne Leine. Mit dem Befehl »Sitz« drücken Sie sanft das Hinterteil des Hundes herunter, bis er sich hinsetzt. Anschließend wird er gelobt und mit kleinen Leckerbissen belohnt. In der Regel begreift ein Hund dieses Kommando sehr schnell. Eine weiterführende Übung ist das Kommando »Sitz und Bleib« (→ Zeichnung 1). Dabei soll der Hund sitzenbleiben, während Sie sich entfernen und solange warten, bis Sie ihn wieder abholen. Um Abwechslung ins Training zu bringen, kann man den Hund nicht nur auf verbales Kommando trainieren, sondern auch auf Handzeichen oder Pfeifsignal (→ Bücher, die weiterhelfen, Seite 62). Das Handzeichen für die Übung »Sitz und Bleib« ist die erhobene Hand, so daß der Hund Ihre Handfläche sieht.

Das Kommando »Pfui«, »Nein« oder »Aus«

Zeichnung 2
Bei dem Wort »Pfui«, »Nein« oder »Aus« soll der Hund etwas, das er gerade tut, sofort unterlassen. Das »Pfui« wird in einem scharfen Ton ausgesprochen. Dabei kann man kurz in die Hände klatschen, um den Hund bei seiner »Missetat« zu erschrecken und so dem »Pfui« Nachdruck verleihen.
Wenn er diesen Befehl befolgt, können Sie ihm auch etwas für ihn Verbotenes aus dem Fang nehmen.

Das Kommando »Komm«

Lernziel ist, daß der Hund sofort zu Ihnen kommt, wenn Sie den Befehl »Komm« geben oder seinen Namen rufen.

So wird geübt: Um den Welpen anzulocken, hocken Sie sich auf den Boden und rufen ihn. Wenn er kommt, loben Sie ihn überschwenglich und geben ihm einen Leckerbissen. Der Hund

1| Das Kommando »Sitz und Bleib« ist eine recht schwierige Übung und sollte erst mit dem älteren Junghund trainiert werden.

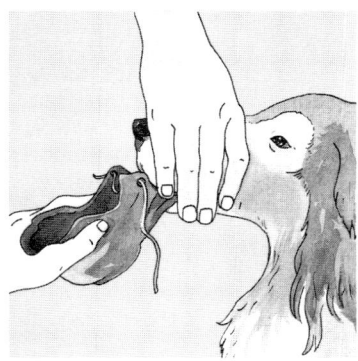

2| Der Hund muß lernen, sich von Ihnen etwas aus dem Fang nehmen zu lassen.

soll – ganz besonders anfangs – mit dem Ruf »Komm« oder seinem Namen etwas Schönes und Angenehmes verbinden. Er soll freudig kommen und liebevoll empfangen werden.
Ab dem 6. Lebensmonat machen junge Hunde eine Art »Flegelalter« durch. Hat Ihr Welpe vorher gut gehorcht, wird er jetzt oft etwas »schwerhörig«. Hat er mehrmals Ihren Befehl »überhört«, werfen Sie einen leichten Gegenstand zum Beispiel ein Alukettchen oder ein kleines Stöckchen nach ihm. So getroffen, wird sich der Kleine erschrecken und zu Ihnen gerannt kommen. Loben und bedauern Sie ihn dann ausgiebig. Achten Sie aber darauf, daß der Hund nicht merkt, daß Sie nach ihm geworfen haben. Er soll ja nie eine unangenehme Erfahrung mit Ihnen in Verbindung bringen.

Das Alleinebleiben
Es ist nicht artgerecht, einen Hund täglich mehrere Stunden alleine

zu lassen. Allerdings muß man manchmal überraschend weg und kann den Hund nicht mitnehmen. Einem erwachsenen, richtig erzogenen Hund macht es nichts aus, auch einmal ausnahmsweise ein bis zwei Stunden alleine zu bleiben. Bis zu seinem 4. Lebensmonat sollte man dies einem Welpen jedoch nicht antun.
So wird geübt: Üben Sie vor allem nach Spaziergängen oder nach dem Fressen, denn jetzt ist der Hund müde und entsprechend ruhig. Lassen Sie den jungen Hund zunächst nur kurze Zeit mit seinem Spielzeug (Kauknochen, trockenes Brötchen) allein im Zimmer. Beim Hinausgehen sagen Sie das Wort »Bleib«. Nach drei, vier Minuten kommen Sie zurück und loben den Hund überschwenglich, wenn er sich ruhig verhalten hat. Achten Sie aber stets darauf, daß es in dem Raum keine Gefahrenquellen für den Hund gibt (→ Seite 25). Die Zeitabstände, bis Sie in das Zimmer zurückkommen, sollten Sie nach und nach verlängern.

Das Kommando »Platz«
Lernziel ist es, daß sich der Hund auf das Kommando »Platz« hinlegt und liegenbleibt, bis Sie ihn auffordern aufzustehen. Diese Übung erfordert vom Hund einige Disziplin. Trainieren Sie erst mit dem Junghund.
So wird geübt: Wenn Sie das Kommando »Platz« geben, ziehen Sie dem sitzenden Hund die Vorderpfoten so nach vorne, daß er sich hinlegen muß. Drücken Sie dabei mit der anderen Hand sanft auf seine Schulter. Wiederholen Sie das Wort »Platz« und

halten Sie ihn weiter am Boden. Hat er begriffen, daß er liegenbleiben soll, entfernen Sie sich ein paar Schritte und sagen dabei mehrmals das Wort »Platz«. Steht der Hund unerlaubterweise auf, bringen Sie ihn wieder an die Ausgangsstelle zurück und beginnen die Übung von vorne.

Das Kommando »Fuß«
Zeichnung 3
Lernziel ist, daß der Hund in dem von Ihnen bestimmten Tempo neben Ihnen herläuft (erst mit dem älteren Junghund üben!).

3| Das Kommando »Fuß« erfordert viel Disziplin vom Hund.

So wird geübt: Nehmen Sie die Leine in die rechte Hand. Halten Sie den Hund so kurz an der Leine, daß er neben Ihnen in Höhe des linken Knies geht. Mit der linken Hand wird der Hund korrigiert und gelobt. Springt er voraus, holen Sie ihn mit einem kurzen Ruck zurück, wobei Sie das Wort »Fuß« sagen.

Bei der Übung »Sitz« sanft das Hinterteil herunterdrücken.

Erziehung in kleinen Schritten

Das erste Lernziel für einen Welpen ist die Stubenreinheit (→ Seite 24/25). Ab dem 3. Lebensmonat kann man den Welpen langsam an Halsband und Leine gewöhnen. Jetzt lernt er auch auf seinen Namen zu hören und einfache Kommandos wie zum Beispiel »Komm« zu befolgen. Zwischen dem 4. und 8. Monat folgen dann weitere Erziehungsmaßnahmen wie das Gehorchen auf die Kommandos: »Sitz«, »Platz«, »Bei Fuß« und

»Pfui«. In dieser Zeit machen junge Hunde – der eine mehr, der andere weniger – ein Flegelalter durch. Es kann passieren, daß Ihr Junghund jetzt plötzlich das Gegenteil von dem tut, was Sie von ihm wünschen. Dieses Verhalten sollten Sie nicht überbewerten. Es legt sich wieder und ist im Grunde nur ein Ausdruck von Übermut. Wichtig ist, daß Sie die Erziehung des Hundes auch weiterhin konsequent betreiben. Hinweis: Auf den PRAXIS-Seiten 34 und 35 finden Sie Schritt-für-Schritt-Anleitungen, wie Sie dem Hund die einzelnen Kommandos beibringen können.

Unarten nicht zulassen

Die meisten Menschen empfinden es zum Beispiel als Unart, wenn ein Hund sie anspringt. Aus Hundesicht heraus ist dies aber ein ganz natürliches Verhalten, denn es handelt sich dabei um ein angeborenes Begrüßungsritual. So begrüßen Welpen ihre Mutter und erbetteln auf diese Weise Futter. Aus Sicht des Menschen ist dieses Verhalten unangenehm, denn nicht immer trägt man gerade alte Kleidung, auf der die Abdrücke von schmutzigen Hundepfoten nichts ausmachen. Unarten sollten sie von vornherein unterbinden, denn es ist schwer, sie dem Hund – einmal angewöhnt – wieder abzugewöhnen. Betteln bei Tisch ist lästig. Geben Sie Ihrem Hund niemals etwas vom Tisch, auch wenn er noch so herzzerreißend winselt und Sie jammervoll anschaut. Schon eine Ausnahme ermuntert ihn so, daß er in Zukunft jede Mahlzeit durch sein Betteln stört. Außerdem sind gewürzte Speisen der Gesundheit des Hundes nicht zuträglich (→ Ernährung, Seite 46). Wenn sich Ihr Hund allerdings das Betteln schon angewöhnt hat, hilft nur das konsequente Zurückschicken auf seinen

Platz. Vergessen Sie aber nicht, ihn dort wieder abzuholen.

<u>Unnötiges Bellen</u> ist bei Collies und Shelties keine Seltenheit. Freude, Wachsamkeit, Übermut – alles wird von Bellen begleitet. Bei unnötigem Bellen geben Sie dem Hund einen kleinen Klaps auf die Nase mit dem Wort »Pfui« oder »Aus«. Benutzen Sie immer den gleichen Befehl.

<u>Anspringen</u> kann eine lästige Angewohnheit werden. Besonders fremde Menschen mögen das nicht. Damit der Welpe schon vor dem Anspringen gebremst wird, beugen Sie sich am besten zu ihm hinunter, um ihn zu begrüßen. Halten Sie ihn mit beiden Händen fest und sprechen Sie freundlich auf den Kleinen ein. Wenn der erwachsene Hund Sie anspringt, geben Sie ihm einen leichten Klaps auf die Nase mit dem Befehl »Aus«. Bitten Sie auch Ihre Freunde und Bekannten dies zu tun, wenn der Hund sie auf diese Weise begrüßt. Beim Border Collie darf das »In-die-Schranken-Weisen« etwas energischer ausfallen.

Um die Begrüßungsfreude des Hundes zu erhalten, sollten Sie ihn, nachdem er Ihren Befehl befolgt hat, ausgiebig streicheln und loben.

<u>Plötzliche Unsauberkeit</u> kann eine Reaktion auf eine Veränderung sein. Versuchen Sie zu ergründen, was den Hund aus dem seelischen Gleichgewicht gebracht haben könnte. Unsauberkeit ist sehr häufig auch ein Zeichen für eine Blasenerkältung oder Darmerkrankung. Gegebenenfalls den Hund dem Tierarzt vorstellen.

<u>Das Hüten</u> liegt dem Border Collie im Blut. Schon der Junghund fängt an, alles zu hüten, was er findet, gleichgültig ob Hühner, Kinder oder Katzen. Er tut dies, indem er sein »Opfer« zunächst mit den Augen fixiert. Wenn er außerhalb des regelmäßigen Trainings – das dieser

Hat der Hund den Befehl befolgt, wird er gelobt.

Hund unbedingt braucht – alles hütet, was ihm »vor die Schnauze kommt«, verbieten Sie es ihm wiederum mit einem energischen »Pfui« oder »Aus« oder leinen Sie ihn vorübergehend an.

<u>Hinweis:</u> Grundsätzlich darf man einen Collie und Sheltie nicht laut anbrüllen oder gar schlagen und treten, um ihn zu strafen. So würde aus dem Hund eine total verängstigte Kreatur, die nie wieder völliges Vertrauen zu Ihnen aufbauen könnte.

PRAXIS
Spielen

Spielen hält körperlich und geistig fit
Zeichnungen 1 und 2
Collies, Shelties und Border Collies sind außerordentlich verspielt und bleiben es bis ins hohe Alter. Geradezu begeistert machen sie mit, wenn sich »ihre Menschen« ausgiebig mit ihnen beschäftigen und sie zum Spiel anleiten. Sie apportieren Stöckchen, fangen Bälle, überspringen Hindernisse und zwicken vor lauter Übermut Herrchen oder Frauchen in die Beine. Sie sind zu allem bereit, solange es ihnen Spaß macht. Das Spielen hält den Hund nicht nur körperlich und geistig fit, sondern das gemeinsame Spiel fördert auch die Beziehung zwischen Mensch und Tier ungemein.

Für Hundebesitzer gibt es heute außerdem viele Möglichkeiten,

1 *Collies und Shelties springen gern über Hindernisse.*

zusammen mit dem Hund einer sportlichen Freizeitbeschäftigung nachzugehen.

Für Collie und Sheltie ist Sport gleichbedeutend mit Spiel. Im Angebot sind zum Beispiel Breitensport, Agility und Hüte-Wettbewerbe besonders für Border Collies.

Breitensport
Beim Breitensport ist nicht nur die Geschicklichkeit von Hund und Besitzer gefragt, sondern es wird zum Beispiel auch die Gehorsamkeit des Hundes oder seine Witterungsfähigkeit geprüft. In Wettkämpfen können Hund und Besitzer sich mit anderen messen.

Es kann in 4 Disziplinen gestartet werden:
- Vierkampf: Gehorsamkeitsübungen, Hürdensprung, Slalomlauf und Hindernislauf.
- Sechskampf: Zusätzlich zum Vierkampf wird die Witterungsfähigkeit des Hundes geprüft, Gegenstandbewachen oder Verteidigungsbereitschaft.
- Geländelauf-Turnier: Hierbei muß der Hund eine Strecke von 2000 m oder 5000 m in schnellstmöglicher Zeit absolvieren. Der Schnellste gewinnt.
- Hindernislauf-Turnier: Der Hund muß 8 Hindernisse auf einer Strecke von 75 m Länge überspringen.

Je nach Disziplin kommt es auf die Zeit und die Fehlerfreiheit an. Wo es Übungsplätze gibt und wer Wettkämpfe ausrichtet, erfahren Sie bei Hundevereinen in Ihrer Nähe oder beim Club für Britische Hütehunde e.V.
(→ Adressen, Seite 62).

Agility
Zeichnung 3
Diese Sportart ist dem Reitturniersport sehr ähnlich. Der Hund muß einen Parcours mit Hindernissen absolvieren, der Hundeführer läuft dabei neben dem Hund her und »feuert« ihn an. Der Parcours ist von Veranstaltung zu Veranstaltung anders gestaltet.

Bewertet werden Fehler und die Zeit, die Hund und Hundeführer für die Bewältigung des Parcours brauchen.

Agility erfordert intensive Trainingsarbeit. Besonders für Shelties scheint diese Sportart sehr geeignet, denn sie machen leidenschaftlich gern mit. Aber auch der Border Collie ist hier in seinem Element, wenn er schon nicht hüten kann.

Die meisten Hundeplätze bieten mittlerweile Agility-Parcours an.

Hütearbeit
Hier ist vor allem der Border Collie ganz und gar in seinem Element.

Viele Border Collie-Besitzer nehmen aktiv an Hütelehrgängen teil. Besonders in der Schweiz und auch in Deutschland werden internationale Hütewettbewerbe veranstaltet.

Eigens zu diesem Zweck halten sich passionierte Border Collie-Besitzer extra Schafe, um mit ihren Hunden an der Herde zu trainieren.

Es ist sehr beeindruckend zu sehen, wie diese Hunde geschickt nur auf Zuruf und Handzeichen ein bestimmtes Schaf aus der Herde aussondern oder die Herde in die gewünschte Richtung treiben. An Stelle von Schafen kann der Border Collie ebenso passioniert und leidenschaftlich Enten hüten. Er ist überhaupt nicht wählerisch, was die zu hütenden Tiere betrifft.

Das Hüten ist der absolute Lebensinhalt des Borders. Obwohl das Hüten als solches oft harte Arbeit bedeutet und weniger als Spiel verstanden wird, so ist es doch einzig und allein diese Beschäftigung, die einen Border Collie glücklich und vom Wesen her ausgeglichen macht.

3 Agility ist eine weit verbreitete Sportart für Hund und Führer. Der Hund muß einen Parcours mit verschiedenen Hindernissen bewältigen, sein Führer läuft nebenher und gibt dem Hund Anweisungen.

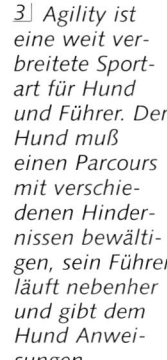

2 Für ein Ballspiel sind Collies und Shelties immer zu haben.

Das Spielen mit Artgenossen

Besonders einzeln gehaltenen Hunden muß man ermöglichen, mit Artgenossen zusammenzutreffen. Ein gemeinsamer Spaziergang zum Beispiel mit dem Nachbar, der einen Hund besitzt, ist für beide Hunde ein herrliches Erlebnis und bringt Abwechslung in den Alltag. Auch auf Spaziergängen trifft man immer wieder Gleichgesinnte. Lassen Sie dann Ihren Hund den anderen beschnuppern. Wenn sich die beiden sympathisch finden, kommt es vielleicht zu einem kleinen Spiel.

Der Hund als Freizeitpartner

Collies und Shelties sind bei fast jeder Freizeitbeschäftigung mit Freude dabei. Sei es beim Wandern, Joggen, Ausreiten oder Baden – mit Frauchen oder Herrchen mitmachen zu können, ist stets das höchste der Gefühle. Auch als Begleiter neben dem Rad eignen sich Collie und Sheltie. Üben Sie erst mit dem ausgewachsenen Hund. Für Welpen und Junghunde ist diese Art von Sport nicht zu empfehlen, denn ihre Knochen sind noch zu weich und für diese anstrengende Beschäftigung nicht geeignet. Trainieren Sie mit dem Hund zunächst nur kurze Strecken, später dehnt man die Streckenlänge immer etwas mehr aus. Halten Sie ein Tempo, bei dem der Hund traben kann und nicht rennen muß. Bei großer Hitze sollten Sie Ihren Collie oder Sheltie nicht neben dem Rad herlaufen lassen.

Spiel mit Maß und Ziel

Durch übertriebenes Spielen, zum Beispiel unermüdliches Stöckchenwerfen, kann man besonders Welpen und alte Hunde überfordern. Welpen sind wie Kinder, die durch zu starkes Toben überdreht werden und nicht mehr von selbst ein Ende finden. Ein Welpe oder junger Hund wird dadurch so müde, daß er sogar das Fressen vergißt. Er ist eben fix und fertig. Ich habe oft beobachtet, daß Menschen einem Hund Stöcke werfen, die dieser bis zum Umfallen immer wieder bringt. Das ist nicht Sinn des Spielens und für den Hund ausgesprochen schädlich. Dies muß man vor allem Kindern sehr deutlich erklären. Leider gibt es aber auch genügend Erwachsene, die es lustig finden, wenn ein Hund bis zum Umfallen rennt und beispielsweise Bälle fängt.

Die richtige Pflege

Regelmäßige Pflege ist nicht nur eine Sache der Schönheit. Sie hilft auch Krankheiten vorzubeugen und sie rechtzeitig zu erkennen.

Hinweis: Auf den PRAXIS-Seiten 42/43 finden Sie eine genaue Anleitung für die Fellpflege von Collies, Shelties und Border Collies.

Rechtzeitig an Pflegeprozeduren gewöhnen

Es ist sehr wichtig, schon den Welpen an die Pflegeprozeduren zu gewöhnen. Selbst, wenn an dem Welpenfell noch nicht viel zu kämmen und zu bürsten ist, sollten Sie ihn schon jetzt mit dem Vorgang vertraut machen.

Üben Sie auch das Kontrollieren der Zähne, der Ohren, das Augenauswischen und das Reinigen verschmutzter Pfoten.

Kontrolle der Augen

Besonders nach dem Schlafen bildet sich ein Sekret in den Augenwinkeln, das zwar harmlos ist, aber entfernt werden sollte. Benutzen Sie dazu ein spitz zugedrehtes Papiertaschentuch (immer von innen nach außen wischen).

Krankheitsanzeichen sind gerötete Bindehäute, tränende Augen oder gelblich eitrige Sekrete in den Augenwinkeln.

Die Haltung der Ohren korrigieren

Rassetypisch sind für Collie und Sheltie – außer dem Border Collie – die Kippohren (→ Rassestandard, Seite 10 und 14). Häufig ist es erforderlich, der später gewünschten Stellung der Ohren bei Collie- und Sheltie-Welpen etwas nachzuhelfen. Im Alter von etwa 8 Wochen haben die meisten Welpen noch recht

Ein Border Collie kann sowohl Kippohren als auch Stehohren haben.

tief hängende Ohren, die sich dann immer mehr aufrichten. Es kann passieren, daß der Welpe zwischen 3 und 6 Monaten die Ohren zu sehr aufstellt und sie spitz stehen wie beim Schäferhund. Korrigieren kann man die Ohrstellung mit Hilfe von Enelbin-Paste (in der Apotheke erhältlich). Damit wird die Ohrspitze beschwert.

Lassen Sie etwas von der Paste an der Luft antrocknen und geben Sie dann so viel davon auf die innere Ohrspitze, daß das Ohr in die gewünschte gekippte Stellung fällt. Die Paste ist wasserlöslich. Gegebenenfalls »das Gewicht« erneuern.

Hin und wieder kommt es auch zu den sogenannten »schweren Ohren«, die zu tief getragen werden.

Die Korrektur dieser Ohrstellung ist schwieriger. Sollte Ihr Hund im Alter von 4 Monaten die Ohren noch nicht bis zur Hälfte aufstellen, wenden Sie sich an den Züchter.

Kontrolle der Ohren

Verschmutzungen auf der Ohrunterseite entfernt man mit einem feuchten Tuch, verschmutzte Innenohren reinigt man mit einem spitz zugedrehten Papiertaschentuch.

Krankheitsanzeichen sind Ohrgeruch und Ohrausfluß. Häufiges Kopfschütteln deutet auf Befall mit Ohrmilben hin.

Kontrolle der Zähne

Achten Sie bei der regelmäßigen Zahnkontrolle vor allem auf Zahnstein, der an dem bräunlichen Belag am Zahnhals zu erkennnen ist. Zahnstein entsteht durch zu weiche Nahrung. Vorbeugend

Das Fell an der Hinterhand wird vom Sprunggelenk abwärts bis zur Pfote glatt geschnitten.

wirken harte Hundekuchen (→ Nagen ist gut für die Zähne, Seite 46). Zahnstein muß vom Tierarzt entfernt werden. Bei Sheltie-Welpen sollten Sie während des Zahnwechsels (4. bis 6. Lebensmonat) das Gebiß häufig kontrollieren. Die Milchzähne sitzen meist sehr fest, und die neuen Zähne wachsen schief. Milchzähne kann der Tierarzt entfernen.

Krankheitsanzeichen sind entzündetes Zahnfleisch oder starker Mundgeruch.

Die Pflege der Pfoten

Kontrollieren Sie die Pfoten des Hundes regelmäßig auf Risse in den Pfotenballen. Gegebenenfalls die Ballen mit Vaseline einreiben. Bei großer Hitze asphaltierte Straßen meiden, da Hunde sich die Pfoten verbrennen können. Im Winter Wege meiden, die mit Salz gestreut sind. Salz verätzt die Ballen. Vaseline ist ein Schutz gegen Streusalz.

Zu lange Krallen müssen gekürzt werden. Der Tierarzt oder Züchter beraten Sie, wie Sie vorgehen müssen.

Pflegeaufwand

Der Blickfang für jeden Betrachter ist das wunderschöne lange und üppige Fell, vor allem des langhaarigen Collies und des Shelties. Der Pflegeaufwand des Fells ist außerordentlich gering, weil das langhaarige, aber glatte Fell den Schmutz abweist und nicht zum Verfilzen neigt. Es genügt, wenn Sie das Fell Ihres Collies und Shelties einmal wöchentlich oder alle 14 Tage kämmen und bürsten, um abgestorbene und lose Haare zu entfernen. Lediglich während des Haarwechsels (1 bis 2mal im Jahr) müssen Sie ihn täglich bürsten, denn dann verliert er die Haare büschelweise. Die einzige

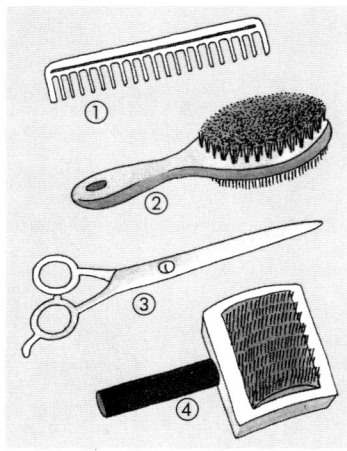

1⌋ Für die Fellpflege brauchen Sie einen Metallkamm ①, eine Bürste mit Naturborsten ②, eine Schere ③ und eine Drahtbürste ④

Stelle, an der das Fell verfilzen kann, ist das dichte Haar hinter den Ohren. Diese Stellen sollten Sie regelmäßig inspizieren und alle 2 bis 3 Tage gut durchkämmen. Während der Fellpflege haben Sie Gelegenheit, Haut und Haare auf Ungeziefer bzw. auf Krankheitszeichen hin zu kontrollieren (unten). Außerdem genießen es die meisten Hunde sehr, wenn man sich intensiv mit ihnen beschäftigt, und es entsteht eine innigere Beziehung zwischen »Frauchen« beziehungsweise »Herrchen« und Hund.

Fellpflege-Utensilien
Zeichnung 1
Für die Fellpflege brauchen Sie: einen Stahlkamm mit stumpfen Zinken, eine Drahtbürste mit feinen abgebogenen Zinken zum Entfernen der losen Unterwolle, eine sogenannte »Mason-Pearson-Bürste« aus Naturborsten (im Zoofachhandel erhältlich) und eine Schere mit abgerundeten Ecken.

Kämmen und Bürsten
Zeichnungen 2 und 3
Langhaar-Collie, Sheltie und Border Collie: Legen Sie den Hund auf die Seite, am besten auf einen Tisch. Suchen Sie zuerst das Fell nach Kletten oder Haarknoten ab. Haarknoten mit den Fingern lösen. Eventuelle kleine verfilzte Haarstellen hinter den Ohren, unter den Achseln und an den Innenseiten der Schenkel vorsichtig mit Hilfe einer Schere abschneiden. Kämmen Sie nun das Haar mit einer Drahtbürste oder der Bürste mit den Naturborsten. Beginnen Sie am Kopf, über den

2⌋ Haarkleid Schicht für Schicht durchbürsten.

Rücken zur Flanke hin (mit und gegen die Haarwuchsrichtung). Das Fell an den Vorder- und Hinterläufen von unten nach oben bürsten. Die Rute ganz zum Schluß bearbeiten. Bürsten Sie systematisch eine Haarschicht nach der anderen gut durch. Nach dem Bürsten das Haarkleid mit einem Metallkamm nachkämmen (in Haarwuchsrichtung). Kurzhaar-Collie: Es genügt, wenn Sie sein Fell einmal wöchentlich mit der Drahtbürste oder der Mason-Pearson-Bürste bearbeiten. Krankheitsanzeichen: Stumpfes, trockenes Haar kann ein Zeichen für Bandwurmbefall oder Mangelernährung sein, aber auch während des natürlichen Haarwechsels ist das Haar glanzlos und die Unterwolle löst sich in Büscheln.
Schuppen auf der Haut sind meist ein Zeichen falscher Ernährung, aber auch während des Haarwechsels kann der Hund Schuppen haben.
Hinweis: Kämmen Sie den Hund keinesfalls zu oft, denn dabei

3| *Zum Schluß das Fell mit dem Metallkamm nachkämmen.*

wird zuviel Unterwolle herausgerissen. Aber gerade die Unterwolle ist ein wichtiger Schutz gegen Kälte und Nässe und läßt außerdem das Haarkleid füllig wirken.

Haare schneiden

Zeichnungen 4 und 5
Das Fell wird beim Langhaar-Collie, Sheltie und Border Collie an den Hinterläufen geschnitten, aber nur dann, wenn es zu lang nachgewachsen ist.

So wird's gemacht: Schneiden Sie mit einer Schere vorsichtig vom Sprunggelenk abwärts zum Boden hin das Fell kurz (→ Foto, Seite 41). So sieht Ihr Collie oder Sheltie immer sauber und gepflegt aus.

Mein Tip: Ich schneide meinen Hunden auch die Haare zwischen den Ballen und Zehen aus. Dadurch tragen Sie nach Aufenthalten im Freien weniger Schmutz ins Haus.

Baden – ja oder nein?

Grundsätzlich sollten Sie den Hund überhaupt nicht baden.

Durch das Baden löst sich nämlich die ohnehin lockere Unterwolle, und dem Haar wird das notwendige Fett entzogen. Meist ist sowieso nur das Fell an den Vorder- und Hinterläufen verschmutzt. Stellen Sie den Hund dann auf eine rutschfeste Unterlage in die Badewanne und duschen Sie nur die verschmutzten Stellen kurz mit lauwarmem Wasser ab. Anschließend das Fell mit einem Handtuch trockenreiben.

Eine Alternative zum Bad ist die Trockenreinigung mit einem Spezialpuder (aus dem Zoofachhandel). Er wird in das Fell eingerieben und anschließend gründlich ausgebürstet.

Ungeziefer entfernen

Während der Fellpflege ist die beste Gelegenheit, das Fell Ihres Hundes auf Ungeziefer hin zu kontrollieren.

Flöhe kann auch der bestgepflegteste Hund bekommen. Sie sind als schwarze Pünktchen auf der Haut zu erkennen. Besorgen Sie sich im Fachhandel ein Floh-

mittel (Spray oder Puder; Gebrauchsanweisung beachten). Gleichzeitig müssen auch die Stellen, an denen sich der Hund in der Wohnung gerne aufhält, mitbehandelt werden.

Hinweis: Ein Flohhalsband (aus dem Zoofachhandel) kann dem Flohbefall vorbeugen.

Zecken kommen vorwiegend in den Sommermonaten vor. Sie bohren sich meist in die Haut an Kopf und Hals des Hundes, um Blut zu saugen. Im vollgesogenen Zustand sind sie etwa erbsengroß. Drehen Sie die Zecke ohne Druck mit dem Finger oder einer speziellen Zeckenzange heraus.

Haarlinge und Herbstgrasmilben lösen beim Hund einen starken Juckreiz aus. Sie sind mit bloßem Auge auf der Haut kaum zu erkennen. Der Tierarzt kann Ihnen Gewißheit verschaffen.

Auch gegen diese beiden Parasiten gibt es im Fachhandel Spray oder ein antiparasitäres Shampoo.

4| *Überstehende Haare werden vom Sprunggelenk aus abwärts bis zur Pfote geschnitten.*

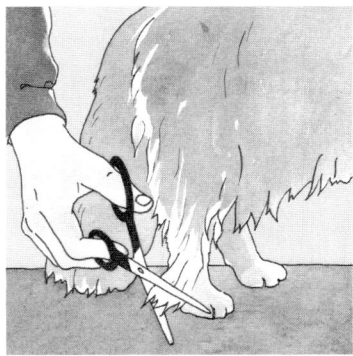

5| *Arbeiten Sie vorsichtshalber mit einer Schere, deren Ecken abgerundet sind.*

Gesunde Ernährung

Den Hund artgerecht ernähren

Die Gesundheit des Hundes, sein Wachstum, seine geistige Entwicklung und sein Wohlbefinden hängen von einer artgerechten Ernährung ab. Die besten Rückschlüsse für die gesunde Ernährung Ihres Hundes können Sie ziehen, wenn Sie die Ernährungsweise des Wolfes kennen.

Der Hauptteil seiner Nahrung besteht aus Fleisch. Da der Wolf aber vorwiegend Pflanzenfresser zu seinen Beutetieren zählt und sie mit »Haut und Haaren« verspeist, wird sein Organismus nicht nur mit Eiweiß, sondern auch mit pflanzlichen Stoffen (Ballaststoffen), Kohlehydraten sowie Mineralien und Vitaminen versorgt. Auch der Hund braucht solch eine Nahrungszusammensetzung.

Sehr müde ist dieser tricolor Collie-Welpe. Beim Gähnen reißt er seinen kleinen Fang weit auf.

Fertignahrung

Die problemloseste Art, den Hund zu ernähren, ist heutzutage Fertignahrung. Sie enthält alle wichtigen Nähr- und Aufbaustoffe, die der Hund braucht. Dosenfutter hat einen Wassergehalt von 75 % und ruft – ausschließlich gefüttert – bei vielen Hunden Durchfall hervor. Aus diesem Grund sollte es immer mit Hundeflocken oder einem Trockenfutter gemischt werden (entweder $1/2$ Dosenfutter und $1/2$ Flocken oder $2/3$ Dosenfutter und $1/3$ Flocken oder Trockenfertigfutter. Trockenfutter ist ebenfalls eine Vollnahrung. Wenn Sie Ihren Hund ausschließlich mit Trockenfutter ernähren, müssen Sie Ihrem Hund immer genügend frisches Wasser zur Verfügung stellen. Trockenfutter entzieht dem Körper Wasser und belastet die Nieren, wenn der Hund den Flüssigkeitsbedarf nicht jederzeit mit Wasser ausgleichen kann. **Mein Tip:** Trockenfutter wird schmackhafter, wenn Sie es in etwas Wasser oder ungesalzener Brühe einweichen und kleingeschnittenes gekochtes Fleisch dazugeben (→ unten).

Selbst zubereitetes Futter

Über Abwechslung im Speiseplan freut sich Ihr Collie oder Sheltie. Ausschließlich sollten Sie Ihren Hund aber nicht mit selbst zubereiteten Speisen füttern. Zu schnell kann es zu Mangelerscheinungen kommen, denn es ist »eine Wissenschaft für sich«, ausgewogenes gesundes Hundefutter selbst zu kochen. Achten Sie darauf, daß das Hundemenü folgendes enthält:

Eiweiß: Sein Anteil im Futter sollte etwa 25 bis 50 % betragen. Eiweiß ist in Fleisch, Fisch, Quark und Hüttenkäse enthalten. Als Fleisch eignet sich Muskelfleisch, Kopffleisch, Herz, Lunge, Pansen und Leber, am besten nur von Rind, Pferd oder Kalb. Aber auch Wild-, Lamm- und Geflügelfleisch sowie Fisch mögen Collies und Shelties.

Achtung: Verfüttern Sie Fleisch und Fisch immer gekocht. Auf diese Weise töten Sie Krankheitserreger wie zum Beispiel die Viren der gefürchteten Aujeszkyschen Krankheit (nach Ansteckung verläuft diese Krankheit tödlich für Hunde) oder Salmonellen ab. In letzter Zeit hat BSE (= Bovine Spongiöse Enzephalopathie, »Englische Rinderseuche«) Schlagzeilen gemacht. Die Erreger dieser Krankheit werden durch Kochen nicht abgetötet. Obwohl bisher noch kein Fall bekannt ist, daß ein Hund infiziert wurde, sollten Sie Rind-

Gemeinsam mit der Mutter erkunden die Welpen ihre nähere Umgebung.

fleisch nur dort einkaufen, wo die Bezugsquelle nachprüfbar ist.

Kohlenhydrate dürfen im Hundemahl nicht fehlen. Sie sind zum Beispiel in Haferflocken, Hundeflocken, Reis, Nudeln und Brot enthalten. Wenn Sie vorwiegend Fleisch verfüttern, sollte der Kohlehydrat-Anteil bei etwa 45 % liegen.

Fett: Es liefert dem Körper die Hauptenergie und muß mit einem Anteil von etwa 5 % im Hundemahl enthalten sein. Junge Hunde mit viel Bewegung draußen benötigen etwas mehr Fett als alte Hunde. Je nachdem, wieviel Fett bereits im Fleisch enthalten ist, kann man dem selbst zubereiteten Futter 1 bis 2 Eßlöffel Pflanzenöl oder Butter oder Margarine untermischen.

Mineralien, Spurenelemente, Vitamine: Wer seinen Hund selbst bekocht, muß ihm zusätzlich Mineralien, Spurenelement und Vitamine verabreichen. Ich empfehle Vitamin-Mineralstoff-Tabletten (vom Tierarzt). Sie werden dem Hund nicht in die Nahrung gemischt, sondern er bekommt sie gesondert.

Eine ausgewogene Ernährung setzt die besten Voraussetzungen für die Gesundheit des Hundes. Heutzutage ist es kein Problem, den Hund gesund zu ernähren. Fertigfutter enthält alle Nähr- und Aufbaustoffe, die der Hundekörper braucht.

Mineralstoffmischungen, die dem Futter zugesetzt werden, rühren Collies und Shelties oft nicht an.

Hundeflocken sind meist schon vitaminisiert. Wenn Sie das Futter damit anreichern, erübrigt sich die Zugabe von Mineralstoff-Tabletten.

Hinweis: An der Verdauung Ihres Hundes können Sie erkennen, ob Ihre Futterzusammenstellung richtig ist. Der Kot sollte grundsätzlich geformt, also nicht breiig oder dünn sein. Durchfall weist auf massive Fehler in der Futterzusammensetzung hin.

Nagen ist gut für die Zähne

Nicht nur Pflege für das Gebiß, sondern auch vergnüglicher Zeitvertreib ist für den Hund das Nagen an etwas Hartem.

Knochen: Es eignen sich besonders Gelenkknochen von Kalb und Rind (kurz gekocht).

Bekommt der Hund aber zu viele Knochen, führt dies leicht zu Verstopfung. Einmal wöchentlich ein großer Knochen genügt. Ich gebe meinen Hunden niemals Knochen auf nüchternen Magen, sondern als »Nachtisch« nach einer Mahlzeit.

Wichtig: Dem Hund keine Röhrenknochen von Geflügel, Schweineknochen und Wildknochen geben. Sie splittern und können zu Darmverletzungen führen. Alternativen zum Knochen: Sehr beliebt sind getrockneter Pansen, getrocknetes Muskelfleisch und getrockneter Stockfisch (im Zoofachhandel erhältlich). Büffelhautknochen oder Ochsenziemer benagen meine Hunde nicht so gern.

Die richtige Futtermenge

Die Futtermenge für den einzelnen Hund richtet sich nach seinem Alter, nach den täglichen Anforderungen, zum Beispiel ob er viel Bewegung hat oder arbeitet wie der Border Collie und ob der Hund ein guter oder weniger guter Futterverwerter ist. Jeder Hundehalter muß selbst ein Gefühl dafür entwickeln, wieviel Futter sein Hund braucht.

Hinweis: Auf Fertigfutteretiketten finden Sie Mengenangaben, nach denen Sie sich richten können.

Die Ernährung des Welpen

Ein Collie ist bereits mit acht Monaten ausgewachsen, ein Sheltie häufig noch früher. Während des Wachstums braucht

Fütterungsregeln

1. Das Futter sollte Zimmertemperatur haben. Es darf nicht direkt aus dem Kühlschrank kommen. Fleisch nie gefroren verfüttern. Zu kaltes Futter kann zu Durchfall oder Erbrechen führen.
2. Geöffnetes Dosenfutter kann etwa zwei Tage im Kühlschrank aufbewahrt werden.
3. Wenn die Temperaturen nicht gerade hochsommerlich sind, übriggebliebenes Futter nicht gleich entfernen. Bei normalen Temperaturen hält es sich etwa einen halben Tag lang. Collies, besonders Rüden, sind keine

großen Fresser und fressen ihr Futter gern in Etappen – häufig nur nachts. Border Collies und Shelties sind gefräßiger.
4. Dem Hund muß jederzeit frisches Wasser zur Verfügung stehen.
5. Während des Fressens darf der Hund nicht gestört werden.
6. Reinigen Sie Futter- und Trinknapf täglich mit heißem Wasser.
7. Nicht füttern sollten Sie: Gewürzte Speisen und Essensreste. Die Nieren des Hundes können Gewürze nicht verarbeiten. Süßigkeiten machen dick und begünstigen Zahnsteinbildung.

der Welpe und Junghund nährstoffreichere Nahrung und mehr Futter als ein erwachsener Hund. Im Fachhandel gibt es hochwertige Welpenkost als Fertigfutter.

Bis zum Alter von drei Monaten wird der Welpe 3- bis 4mal täglich gefüttert. Ab dem dritten Lebensmonat bekommt der Junghund 3mal täglich Mahlzeiten, solange er sie mag. Wenn die größte Wachstumsphase vorbei ist, wird er später ganz von selbst eine Mahlzeit stehen lassen. Dem erwachsenen Hund genügt eine Mahlzeit täglich.

Mein Tip: Meine Collie- und Sheltie-Welpen sind von der im Fachhandel erhältlichen Welpenkost nicht sehr begeistert. Ich mache es deshalb durch das Hineinmischen von etwas normalem Dosenfutter oder kleingeschnittenem Fleisch etwas schmackhafter. Zum Schluß gebe ich noch etwas Milch über das Futter. Aber Vorsicht: Zuviel Milch kann zu Durchfall führen.

Die Ernährung des alten Hundes

Mit etwa 10 Jahren beginnen Collies alt zu werden, Shelties etwas später. Sie sind dann meist nicht mehr so aktiv, verhalten sich ruhiger und schlafen viel. Also braucht das Futter nicht mehr so gehaltvoll zu sein. Es kann mehr Kohlenhydrate und weniger Eiweiß enthalten(etwa im Verhältnis $1/3$ Eiweiß und $2/3$ Kohlenhydrate). Im Fachhandel gibt es spezielles Seniorenfutter.

Der alte Hund sollte möglichst wenig oder keine Knochen bekommen, weil diese sehr leicht zu Verstopfung führen. Zwischendurch können Sie ihm Hundekuchen, einen trockenen Brotkanten oder ein altes Brötchen zum Nagen geben.

Hinweis: Hündinnen werden im Alter oft gefräßig. Folge davon ist, daß sie meist zu dick werden. Wenn Sie dies bemerken, reduzieren Sie die tägliche

Futtermenge ein wenig oder lassen Sie sich vom Tierarzt beraten.

Es gibt aber auch Hunde, die im Alter eher abnehmen. Solche Hunde dürfen eine größere Futterration bekommen.

Neugeborene Welpen sollten täglich gewogen werden, um festzustellen, ob sie ausreichend zunehmen.

Futterplatz und Fütterungszeiten

Der Futterplatz sollte möglichst an einem Ort sein, wo sich der Hund gern aufhält und wo er seine Ruhe hat.

Die Fütterungszeiten sind bei Collies und Shelties nicht immer genau einzuhalten, denn sie fressen nicht gierig (Ausnahme: Border Collie).

Der Welpe bekommt bis zum Alter von 6 Monaten morgens, mittags und abends seine Mahlzeiten. Ab dem sechsten Lebensmonat genügen ihm bis zum Alter von 9 bis 10 Monaten 2 Mahlzeiten am Tag. Ich biete sie meinen Welpen morgens und abends an. Ab dem Alter von 10 bis 12 Monaten genügt eine Mahlzeit täglich.

Dieser Kurzhaar-Collie (tricolor) erfrischt sich im klaren Bach. Collies sind alles andere als wasserscheu.

Die genaue Einhaltung von Fütterungszeiten halte ich nicht für wichtig. Entscheidend für die Gesundheit des Hundes ist aber, daß er täglich die für ihn notwendige Futtermenge zu sich nimmt.

Sinnvoll ist es, Hunde, die tagsüber viel draußen sind und sich viel bewegen, nachmittags oder abends zu füttern (die Hauptmahlzeit). Der Hund hat dann genügend Zeit, seine Nahrung zu verdauen und muß nicht den ganzen Tag mit vollem Magen herumlaufen.

Trinken ist wichtig

Frisches Wasser muß immer für den Hund an einem festen Platz stehen und jederzeit für ihn erreichbar sein. Milch trinken Hunde natürlich gern. Sie führt aber bei manchen Hunden zu Durchfall. Wenn Ihr Hund Milch gut verträgt, darf er auch ab und zu Milch haben.

Mein Tip: Welpen mögen morgens gern Milch mit Hundeflocken. Nur wenn danach die Verdauung sehr weich oder gar dünn wird, sollten Sie auf die Milch verzichten.

Gesundheitsvorsorge und Krankheiten

Obwohl Collies und Shelties mit zu den gesündesten Hunderassen gehören, können auch unter den besten Haltungsbedingungen Krankheiten auftreten. Beobachten Sie Ihren Hund von klein auf genau, damit Sie Verhaltensveränderungen oder äußerliche Veränderungen so früh wie möglich erkennen. Rechtzeitig erkannte Erkrankungen lassen sich in der Regel schnell wieder beheben.

Impfungen retten Leben
Staupe, Hepatitis, Leptospirose, Parvovirose und Tollwut sind gefährliche Infektionskrankheiten, an denen ein Hund, der sich mit deren Viren beziehungsweise Bakterien infiziert, sterben kann. Die Impfung bietet einen wirksamen Schutz gegen diese Krankheiten (→ Impfplan, Seite 54). Allerdings müssen Impfungen regelmäßig erneuert werden, um die Schutzwirkung zu erhalten.
Der Züchter hat in der Regel bereits eine Grundimmunisierung bei Ihrem Welpen durchführen lassen. Im Impfpaß sind sowohl die ersten Impfungen als auch die Nachimpftermine angegeben. Vor dem Impfen muß der Hund entwurmt werden (→ unten).
Achtung: Tollwut und Leptospirose sind auch auf Menschen übertragbar.

Wurmkuren sind wichtig
Alle Welpen sind anfällig für Würmer, in erster Linie Spulwürmer, aber auch Bandwürmer. Wurmbefall schädigt den Darm und schwächt das Tier. Regelmäßige Wurmkuren sind deshalb unbedingt nötig.

Die erste Wurmkur erfolgt bei Welpen schon im Alter von 14 bis 21 Tagen, dann mit 6 Wochen und nochmals mit 8 Wochen. Später wird der Hund alle 2 bis 3 Monate bis zum Alter von etwa einem Jahr entwurmt.
Jährlich 2 bis 3 Wurmkuren reichen meist bei dem erwachsenen Hund aus. Um einen Hund nicht unnötig mit Wurmmitteln vollzustopfen, halte ich es für sinnvoll, vorher eine frische Kotprobe auf Würmer hin vom Tierarzt untersuchen zu lassen. Er berät Sie, ob eine Wurmkur bei Ihrem Hund nötig ist und gibt Ihnen gegebenenfalls das richtige Wurmmittel.

Krankheitsanzeichen erkennen
Die folgenden Verhaltens- beziehungsweise körperlichen Veränderungen zeigen meist eine Erkrankung an, die Sie unbedingt von einem Tierarzt abklären lassen müssen.
• Der Hund wirkt lustlos, apathisch und schläft viel.
• Er mag nicht fressen.
• Er trinkt auffallend viel Wasser.
• Sein Kot hat sich in Form, Farbe oder Geruch verändert.
• Der Hund leidet unter Verstopfung.
• Der Hund wird plötzlich unsauber.
• Das Fell ist stumpf und ohne Glanz.
• Der Hund kratzt sich auffallend häufig.
• Seine Haut zeigt gerötete Stellen, Schuppen oder Pickel.
• Die Augen sind gerötet.
• Die Nase ist trocken und heiß.
• Der Hund hechelt, obwohl er ruht.
• Der Hund hat Fieber (→ Fiebermessen, PRAXIS-Seite 50).

Collies und Shelties gehören zu den Hundrassen, deren Gesundheit äußerst robust ist. Dennoch kann der Hund krank werden. Schon bei den ersten Krankheitsanzeichen sollten Sie sofort mit dem Hund einen Tierarzt aufsuchen.

Im Krankheitsfall oder in Notfall-
situationen ist es wichtig, daß der
Hundehalter einige praktische
Handgriffe kennt und weiß, wie
er seinem Hund schnell und wir-
kungsvoll helfen kann.

Fieber messen
Zeichnung 1
Die normale Körpertemperatur
liegt bei Hunden zwischen 38,5
bis 39 °C. Zeigt das Thermometer
mehr oder weniger an, ist der
Hund krank.
Ein Digital-Thermometer ist am
besten geeignet, denn es zeigt
die Temperatur schon nach 60
Sekunden genau an.
Daß der Hund Fieber hat, ist
meist an seinem apathischen
Verhalten zu erkennen. Er mag
nicht fressen und die Innenseiten
seiner Schenkel fühlen sich sehr
warm an. Eine heiße Nase ist
kein sicheres Zeichen für Fieber.
Das Fiebermessen macht man
am besten zu zweit. Eine Person

hält den Hund mit den Händen
unter dem Hals und unter dem
Bauch fest, damit er sich nicht
hinsetzen kann. Die andere Person hebt die Rute des Hundes an
und führt das vorher mit etwas
Vaseline eingefettete Thermometer in den After ein.
Während der Messung Thermometer festhalten.

Mit dem Hund zum Tierarzt
Der Transport zum Tierarzt erfolgt am besten per Auto. Sinnvoll ist es, eine Begleitperson mitzunehmen, die während der
Fahrt neben dem Tier auf dem
Rücksitz sitzt. Je nachdem, wie
schlecht es dem Hund geht, läßt
man ihn vorerst im Auto, wenn
das Wartezimmer sehr voll ist.
Wichtig ist, daß Sie dem Tierarzt
genaue Informationen geben
können. Zum Beispiel wie sich
der Hund verhalten hat, was und
ob er gefressen hat, ob und welche Medikamente Sie ihm gege-
ben haben. Falls der Kot sich verändert hat, nehmen Sie eine Kotprobe mit. Impfpaß nicht vergessen! Während der Untersuchung
den Hund festhalten und ihm beruhigend den Kopf streicheln.

2⌟ Tablette hinten auf die Zunge
legen. Anschließend dem Hund
kurz das Maul zuhalten.

Medikamente eingeben
Zeichnungen 2, 3 und 4
Collies und Shelties lassen sich in
der Regel mühelos Medikamente
eingeben.
Tabletten gibt man am besten
folgendermaßen: Öffnen Sie dem
Hund leicht das Maul und legen
Sie die Tablette weit hinten im
Rachen auf die Zunge, schieben
Sie sie kurz mit dem Finger etwas
tiefer in den Rachen und halten
Sie dann für einen Moment das
Maul zu. So schluckt der Hund
automatisch ab, und die Pille ist
weg. Die Sache mit dem Ver-
stecken der Tablette im Wurst-
oder Fleischhäppchen funktio-
niert nicht immer. Der Hund
spuckt die Tablette wieder aus.
Flüssige Medikamente eingeben
können Sie problemlos mit einer
Plastik-Einwegspritze ohne Na-
del. Führen Sie die Spritze dem
Hund seitlich zwischen Zähne
und Lefzen ins Maul, dabei den
Kopf des Hundes etwas hochhal-
ten. So muß er die eingespritzte
Flüssigkeit schlucken.

1⌟ Fieber mißt
man beim
Hund am be-
sten zu zweit.
Eine Person hält
den Hund an
Hals und Bauch
fest. Die andere
hebt die Rute
des Hundes an
und führt das
Thermometer in
den After ein.

Augensalbe tragen Sie direkt mit der Tube auf. Legen Sie einen »Strang« unter das obere Augenlid des Hundes, dabei Lid leicht anheben.

Kleine Wunden versorgen

Hat sich der Hund eine kleine Wunde am Körper oder an den Pfoten zugezogen, muß er nicht gleich zum Tierarzt gebracht werden. Zunächst säubert der Hund meist selbst die Wunde durch Lecken. Kleine Wunden am Körper heilen schnell und sollten meiner Meinung nach nicht einmal verbunden werden. Anders ist es dagegen mit Verletzungen an den Pfoten, besonders an den Ballen. Damit kein Schmutz eindringen kann, sollten Sie die Pfote verbinden. Zunächst wird die Wunde zum Beispiel mit 3%igem Wasserstoffsuperoxyd desinfiziert. Tragen Sie dann Wundpuder oder -salbe auf die Verletzung auf. Anschließend ein kleines Stück Mull auf die Wunde legen und dem Hund einen Verband mit einer elastischen Mullbinde anlegen. Achten Sie darauf, daß der Verband nicht zu fest wird. Den Verband können Sie beispielsweise mit einem Strumpf schützen. Sowohl Collies als auch Shelties lassen sich meistens geduldig verarzten, auch wenn es ihnen sehr unangenehm ist und schmerzt.

Hilfe bei Insektenstichen

Viele Hunde schnappen gern nach Insekten, besonders nach Wespen und werden dabei oft in die Lefzen gestochen. Der Hund schüttelt dann plötzlich heftig mit dem Kopf und reibt sich die Schnauze am Boden. Wenn Sie den Stachel finden, ziehen Sie ihn heraus. Meist steckt er innen, im vorderen Bereich des Fangs oder an den Innenseiten der Lefzen. Manchmal steckt er auch unter der Zunge, am Lefzenrand. Äußerliche Einstichstellen am Körper werden mit einer Salbe gegen Insektenstiche behandelt. Kaltes Wasser kühlt die Einstichstelle. Ist der Hund dagegen in

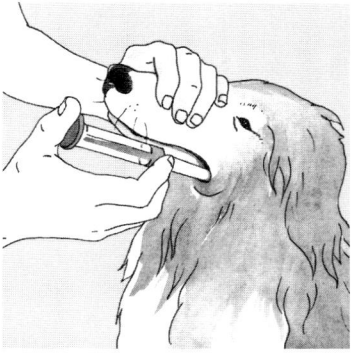

3 Flüssige Medikamente dem Hund seitlich ins Maul spritzen.

den Fang gestochen worden, kann man nicht mit Salbe behandeln und die Stelle schwillt schnell an. Normalerweise ist das nicht weiter schlimm, es gibt jedoch Hunde, die allergisch auf Insektenstiche reagieren. Einstichstellen schwellen dann extrem an und der Hund kann in einen Schockzustand verfallen. Solche Allergien kommen zwar selten vor, jedoch muß ein solcher Hund sofort zum Tierarzt gebracht werden. Nur er kann das Leben des Hundes retten.

Erste Hilfe in Notfällen

Magendrehung: Zu einer lebensgefährlichen Magendrehung kann es kommen, wenn der Hund sich nach dem Fressen mit vollem Magen herumwälzt oder zum Hochspringen veranlaßt wird. Die Symptome einer Magendrehung sind Unruhe, Würgen, Speicheln, aufgeblähter Bauch, Versuche zu erbrechen und Atemnot. In diesem Fall den

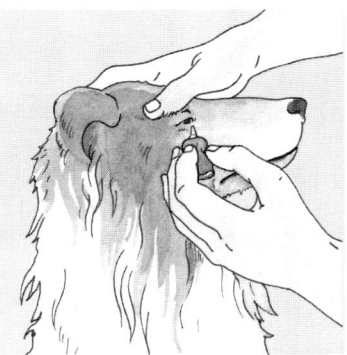

4 Augensalbe in einem »Strang« unter das obere Augenlid legen.

Hund sofort zum Tierarzt bringen, sonst kann er an Kreislaufversagen sterben.

Hitzschlag: Der Hund kann einen Hitzschlag bekommen, weil zum Beispiel das Auto zur Hitzefalle wurde. Die Symptome eines Hitzschlages zeigen sich, indem der Hund taumelt, extrem speichelt und sich der Oberkopf heiß anfühlt. Der Hund muß dann sofort in den Schatten gebracht und mit Wasser abgekühlt werden, zuerst Beine, dann Körper und zuletzt der Kopf. Anschließend den Hund sofort zum Tierarzt bringen.

Der Border Collie-Welpe leckt der Mutter die Mundwinkel, um Futter zu erbetteln.

Kleine Krankheitskunde

Im folgenden Textabschnitt habe ich Ihnen die häufigsten Krankheitssymptome und welche Krankheiten dahinter stecken können zusammengestellt. Bei Anzeichen den Hund sofort zum Tierarzt bringen.

Abmagern: Falsche oder mangelhafte Ernährung; Wurmbefall; Zahnprobleme; Schluckbeschwerden durch Halsentzündung; Trauer; Überanstrengung; bei alten Hunden Krebserkrankung.

Augenausfluß: Verletzung am Auge; Bindehautentzündung; Infektion.

Durchfall: Fütterungsbedingt (zu viel Fett); Aufregung; Virusinfektion; Würmer; Vergiftung.

Erbrechen: Kann harmlos sein, wenn es sich um unverdaute Speisereste handelt. Bei anhaltendem Erbrechen: Magenerkrankung; Fremdkörper im Magen; Vergiftung.

Durst: Fütterung mit Trockenfutter bei zu wenig Flüssigkeitszufuhr; salzige Speisen; bei Hündinnen Gebärmuttervereiterung, Zuckerkrankheit, Leber- und Nierenstörung.

Haarausfall: Abgesehen vom normalen Haarwechsel kann es verschiedene Gründe wie etwa Hormonstörungen geben.

Husten: Zwingerhusten (Virusinfektion); Bronchitis; Herzhusten; Lungenentzündung; Fremdkörper.

Kopfschütteln und Schiefhalten des Kopfes: Ohrenentzündung (Milben); Fremdkörper im Ohr.

Kratzen: Parasiten (Flöhe, Milben); Allergien; falsche Futterzusammensetzung; Hautentzündung.

Vergiftung: Unterschiedliche Symptome je nach Art des Giftes; Lähmung; Erbrechen; starke Blutungen; Krämpfe.

Zittern: Angst, große Schmerzen.

Wenn die Hundeseele krank ist

Collies und Shelties haben im Vergleich zu Hunden anderer Rassen eine äußerst empfindsame und leicht verletzbare Seele. Zum Beispiel ist für einer erwachsenen Collie oder Sheltie ein Besitzerwechsel seelisch nur sehr schwer zu verkraften. Viele Krankheiten können seelisch bedingt sein. Gegebenfalls sollte man mit dem Tierarzt über den Fall sprechen und mit ihm gemeinsam beraten, wie dem Tier zu helfen ist.

Rassetypische Krankheiten

Collies und Shelties haben keinerlei rassetypische Krankheiten. Sie sind als Rasse generell robust, gesund und nicht anfällig.

Hüftgelenksdysplasie: Bei Collies und Shelties ist die Hüftgelenksdysplasie (HD) kein rassetypisches Problem, sie kommt aber, wie bei allen großen Hunderassen, vor. Es handelt sich dabei um eine zu flache Hüftgelenkspfanne, in die der Oberschenkelkopf nicht mehr richtig hineinpaßt, wodurch mit zunehmendem Alter schmerzhafte Arthrosen entstehen. Eine Diagnose kann nur durch eine Röntgenaufnahme erfolgen. Für diese Untersuchung muß der Hund mindestens 12 Monate alt sein. Für Zuchttiere ist die HD-Röntgendiagnose vor der Zuchtzulassung Pflicht. Dies gilt natürlich nur für Züchter, die einem Rassehundzuchtverein angehören, der Mitglied im VDH ist (→ Adressen, Seite 62).

Vom Altwerden und Sterben

Collies und Shelties haben eine relativ hohe Lebenserwartung. Das Durchschnittsalter eines Collies liegt bei etwa 12 bis 13 Jahren. Manche Collies werden bis zu 16 Jahre alt. Shelties erreichen meist ein noch höheres Lebensalter. Ab seinem 10. Lebensjahr wird jeder Hund langsam alt und man sollte ihm das Alter so angenehm wie möglich machen. Alten Hunden geht es ähnlich wie alten Menschen. Sie bewegen sich langsamer, sie sehen und hören nicht mehr so gut und reagieren entsprechend langsam. Der alte Hund schläft länger und fester. Der tägliche Spaziergang sollte der Kondition und den Bedürfnissen des Hundes entsprechen. Achten Sie darauf, daß der Hund nicht zu lange auf kalten Steinen liegt, denn dann ist die Blasenentzündung vorprogrammiert. An heißen Tagen im Sommer sollte er möglichst im Schatten oder im Haus bleiben.

Manchmal werden Hunde im Alter recht gefräßig – dies gilt besonders für Shelties. Füttern Sie maßvoll. Übergewicht erschwert dem alten Hund unnötig sein Dasein, und es ist falsch verstandene Tierliebe, ihm ständig eine Freude mit Leckerbissen machen zu wollen. Alte Hunde suchen die menschliche Nähe ganz besonders. Lassen Sie Ihren alten Hund nicht zu oft allein. Mit zunehmendem Alter stellen sich beim Hund natürlich auch altersbedingte Beschwerden ein.

Unternehmungslustig entdeckt der Kleine die Welt.

Impfplan für die Gesundheitsvorsorge

| Wirkstoff gegen | Grundimmunisierung | | | Wiederholungsimpfungen |
	Ab 8. Woche	Nachimpfungen Ab 12. Woche	Ab etwa 12. Woche	12 Monate nach Grundimmunisierung
Parvovirose (Lebendimpfstoff)	*	*		* jährlich
Staupe	*	*		* jährlich
Hepatitis	*	*		* jährlich
Leptospirose	*	*		* jährlich
Tollwut	*		*	* jährlich

Wichtig: Impfungen werden nicht sofort wirksam. Es dauert etwa 1 bis 2 Wochen, bis der Impfschutz eintritt.

Wenn Ihr Hund zu sehr leidet, sollten Sie ihn von seinen Schmerzen erlösen lassen. Viele Hundebesitzer warten damit zu lange und scheuen sich vor dem letzten Gang zum Tierarzt. Damit tun Sie Ihrem alten Hund keinen Gefallen. Das Einschläfern erfolgt vollkommen schmerzlos. Der Tierarzt entscheidet zunächst, ob Ihrem Hund tatsächlich nicht mehr zu helfen ist. Er schläfert den Hund mit einer Betäubungsspritze ein. Der Hund spürt nichts davon. Für jeden, der seinen Collie oder Sheltie liebt, sollte es selbstverständlich sein, ihn bis zuletzt zu begleiten. Besonders Collies und Shelties haben oft eine sehr starke Bindung zu Frauchen und Herrchen. Es wäre geradezu grausam, sie alleine sterben zu lassen. Am besten ist es, wenn der Tierarzt ins Haus kommt und der Hund in seiner gewohnten Umgebung einschläft. Das ist aber leider nicht immer möglich.

Apathisches Verhalten und Futterverweigerung sind ernstzunehmende Krankheitsanzeichen.

Collies und Shelties züchten

Der Gedanke, die eigene Hündin einmal decken zu lassen und das Aufwachsen der Welpen zu beobachten, ist sehr reizvoll und verlockend. Da Sie aber sicher nicht alle Welpen behalten können, werden Sie sie verkaufen wollen. Um Ahnentafeln für die Welpen zu bekommen, müssen Sie Mitglied in einem seriösen Rassehundzuchtverband werden und sich genau an deren Zuchtbestimmungen halten (→ Adressen, Seite 62).

Überlegungen vorab

Schon allein eine Zuchterlaubnis zu bekommen, ist recht aufwendig.

Gezüchtet werden darf nur mit Hunden, die eine anerkannte Ahnentafel haben. Bevor ein Hund von einem Körmeister des Vereins die Zuchterlaubnis (Körung) erhält, muß er einmal auf einer Ausstellung gezeigt worden sein (→ Seite 59) und die HD- beziehungsweise Augenuntersuchung (→ Seite 53) darf keinen Befund aufweisen. Dann muß ein passender Deckrüde gefunden werden (→ rechts).

Ihre räumlichen Möglichkeiten sind ebenfalls bedenkenswert. Ist ein geeigneter Raum vorhanden, in dem die Hündin die ersten 4 Wochen mit ihren Welpen verbringen kann? Sind Sie darauf eingerichtet, daß die Welpen Ihnen auch unter Umständen länger erhalten bleiben als bis zum Alter von 8 bis 10 Wochen? Bei Anfängerzüchtern stehen die Käufer nicht gleich vor der Tür.

Ihre moralische Verantwortung den Hundebabies gegenüber sollten Sie sehr ernst nehmen. Das bedeutet, Sie müssen gründlich prüfen, wem Sie einen Ihrer Welpen verkaufen. Notfalls muß man es sich leisten können, Welpen auch länger als acht Wochen zu behalten.

Hinweis: Die landläufige Meinung, daß eine Hündin wenigstens einmal in ihrem Leben geworfen haben sollte, ist Unsinn. Eine Hündin, die nie Welpen hatte, hat die gleiche robuste Gesundheit und ist genauso glücklich wie eine Zuchthündin.

Der Deckrüde

Der Hündinnenbesitzer hält meistens keinen eigenen Rüden, sondern sucht einen passenden Rüden für seine Hündin bei einem anderen Züchter. Dabei versucht man die eventuellen Mängel der eigenen Hündin durch die entsprechenden Vorzüge des Partners auszugleichen. Der Hündinnenbesitzer bringt seine Hündin zum Rüden und der Deckrüdenbesitzer verlangt ein Deckgeld.

Die Läufigkeit

In der Regel werden Hündinnen alle 6 Monate läufig. Bei vielen Collie-Hündinnen tritt aber die Läufigkeit nur alle 9 Monate, bei manchen auch nur einmal im Jahr ein.

Die Läufigkeit oder auch »Hitze« genannt dauert knapp 3 Wochen. Zum ersten Mal wird die Hündin mit etwa 8 bis 12 Monaten läufig. Die Hitze kündigt sich an, indem die Hündin öfter als gewöhnlich auf Spaziergängen Urin absetzt. Dann verliert sie kleine Blutstropfen. Ab dem 10. Tag färbt sich der Ausfluß rosa, dann heller und schließlich ist er farblos.

In der ersten Woche der Läufigkeit verhält sich die Hündin Rüden gegenüber

D ie weit verbreitete Meinung, daß eine Hündin wenigstens einmal im Leben Nachwuchs bekommen sollte, ist falsch. Hündinnen, die keine Jungen hatten, sind ebenso glücklich und leben ebenso lange wie eine Hündin, die Welpen großgezogen hat.

eher abweisend. Dann wird sie etwa ab dem 10. Tag freundlicher. Paarungsbereit ist sie, wenn sie die Rute zur Seite dreht. Dieses Verhalten zeigt sie in der Zeit vom 10. bis 16. Tag.

Für einen sicheren Decktermin gibt es keine feste Regel. Am sichersten gehen Sie, wenn Sie die Hündin am 12. und 13. Tag zum Deckrüden bringen. Es gibt jedoch Ausnahmen.

Mein Tip: Sollten Sie eine weite Reise zum Deckrüden vorhaben, lassen Sie bei Ihrer Hündin vom Tierarzt einen Abstrich vornehmen. Er kann danach den richtigen Zeitpunkt für den Deckakt bestimmen.

Die Paarung

Der Paarungsakt dauert bei Hunden 5 bis 30 Minuten, manchmal auch länger. Es kommt zu dem sogenannten »Hängen«. Der Schwellkörper am Penisende des Rüden wird durch den verengten Vaginalring der Hündin festgehalten.

Die Trächtigkeit

In der Regel trägt die Collie- oder Sheltie-Hündin 63 Tage. Sie wird im Wesen ruhiger und schläft mehr.

Ab der 5. bis 6. Woche sieht oder fühlt man, daß sie etwas voller wird. Gleichzeitig sind die Zitzen etwas vergrößert und sie hat ein wenig klaren schleimigen Ausfluß.

Während der Trächtigkeit und der Säugezeit sollte die Hündin ein gehaltvolles Futter bekommen, das man, wenn sie an Umfang sehr zunimmt, auf zwei Mahlzeiten täglich verteilt. Kurz vor dem Wurftermin und während der Säugezeit braucht sie vermehrt Kalzium, das ich in Tablettenform gebe (Tierarzt fragen).

Scheinträchtig werden Collies und Shelties selten. Die Hündin zeigt dann alle Symptome einer Schwangerschaft und

Collie-Welpen finden immer etwas zum Spielen – und wenn's auch nur ein Grashalm ist.

hat sogar etwas Milch im Gesäuge, trägt aber keine Welpen. Scheinträchtig werden Hündinnen auch, ohne je gedeckt worden zu sein. Es betrifft meistens einzeln gehaltene Hündinnen. Lenken Sie dann die Hündin ab, indem Sie sich viel mit ihr beschäftigen.

Die Wurfkiste

Collie- und Sheltie-Hündinnen brauchen eine Wurfkiste, in der sie sich bequem ausstrecken können.

Polstern Sie die Wurfkiste mit einer weichen Unterlage aus, und geben Sie auf die Unterlage reichlich Zeitungspapier. Verschmutzes Papier kann später immer wieder erneuert werden. Die Wurfkiste sollte in einem ruhigen Raum stehen; die Raumtemperatur sollte etwa um 21°C betragen.

Die Geburt

Etwa 24 Stunden vor dem Werfen verweigert die Hündin ihr Futter und beginnt unruhig zu werden. Bringen Sie sie nun zu ihrer Wurfkiste und bleiben Sie bei ihr, wenn die Wehen einsetzen. Bevor der erste Welpe kommt, platzt die Fruchtblase und Flüssigkeit tritt aus. Jeder Welpe erscheint in einer Fruchthülle mit der Nachgeburt. Die Hündin beißt die Nabelschnur durch und frißt die Nachgeburt auf. Dabei entfernt sie die Fruchthülle und leckt den Welpen. Achten Sie darauf, daß der Welpe schnell aus der Fruchthaut befreit wird (notfalls die Haut mit den Fingern aufreißen) und kein Fruchtwasser in die Nase bekommt (Welpen sofort auf saugfähiges Küchenpapier legen). Das Zeitungspapier muß ständig gewechselt werden, damit die Welpen trocken liegen. Automatisch krabbeln die Welpen zu den Zitzen der Hündin, um Milch zu trinken.

Der zeitliche Abstand zwischen der Geburt der einzelnen Welpen ist sehr

Collies sind ideale Begleithunde. Bei einem Ausritt nebenher zu laufen bereitet ihnen größtes Vergnügen.

Intensiv beschäftigt sich die Hündin mit ihren Welpen. Sie läßt es sogar zu, daß die Kleinen auf ihr herumturnen.

unterschiedlich. Es können Pausen von 1 bis 2 Stunden eintreten.
Die Hündin hört erst auf zu hecheln, wenn alle Welpen da sind. Bieten Sie der Hündin zwischendurch immer wieder frisches Wasser an.
Mein Tip: Hat die Hündin 6 und mehr Welpen geworfen, lassen Sie ihr vom Tierarzt zur Stärkung eine Kalziumspritze geben.
Hinweis: Es kann auch zu Geburtskomplikationen kommen, beispielsweise wenn ein Welpe querliegt und den Geburtsausgang blockiert. Dann muß der Tierarzt sofort eingreifen.

Die Ernährung der Welpen
In den ersten 3 Wochen werden die Welpen durch die Mutterhündin ernährt. Es hängt von der Anzahl der Welpen ab, wie lange sie satt werden. Sind es 3 oder 4 Welpen, brauchen sie erst mit 4 Wochen zusätzliche Nahrung. Umfaßt der Wurf 8 oder mehr Welpen, müssen Sie schon nach 14 Tagen oder 3 Wochen zufüttern.
Das Geburtsgewicht jedes Welpen sollte sich nach seiner ersten Lebenswoche

verdoppelt haben. Wiegen Sie die Welpen regelmäßig und notieren Sie das Gewicht jedes einzelnen (→ Zeichnung, Seite 47). Gesunde Welpen nehmen täglich zu, sind rund, fühlen sich glatt an und schreien wenig.
Daß die Welpen nicht satt werden, merken Sie an ihrem unruhigen Verhalten. Füttern Sie nun den Kleinen ein Welpenfertigfutter zu (aus dem Zoofachhandel). Collie- und Sheltie-Welpen werden sich nie überfressen.

Die Entwicklung der Welpen
Die Welpen kommen vollständig behaart und mit geschlossenen Augen zur Welt. Der Geruchssinn ist von Anfang an vorhanden.
Mit etwa 12 Tagen öffnen die Welpen die Augen. Von dieser Zeit an können sie auch hören.
In den ersten 3 Wochen liegen die Welpen dicht bei der Hündin, trinken und schlafen meistens.
Mit 4 Wochen fangen sie an, miteinander zu spielen und machen erste kleine Erkundungsgänge außerhalb der Wurfkiste.
Mit 6 Wochen laufen die Welpen schon recht fix herum, balgen und spielen ausgiebig untereinander. Beschäftigen Sie sich in dieser Zeit intensiv mit dem Welpen, damit sie einen engen Kontakt zu Menschen entwickeln.
Mit 8 bis 12 Wochen üben die Kleinen mit ihren Geschwistern im Spiel soziale Verhaltensweisen. Mit großem Interesse erkunden sie ihre Umgebung.
Hinweis: Es ist für die Entwicklung der Jungen in den ersten Lebenswochen sehr wichtig, daß die Mutter sooft wie möglich bei ihnen liegt.

Mit dem Hund zur Ausstellung

Sie haben einen schönen Collie oder Sheltie. Nun möchten Sie Ihren Hund vielleicht gern auf einer Ausstellung der Öffentlichkeit präsentieren. Die Ausstellung ist eine reine Schönheitskonkurrenz. Die ausgestellten Hunde werden von Ausstellungsrichtern bewertet, deren Bewertungsgrundlage der Rassestandard ist (→ Seite 8 bis 15).

Formalitäten zuvor

Die Ausstellungen werden vom Verband für das Deutsche Hundewesen (→ Seite 62) oder von Zuchtverbänden, die Mitglied des VDH sind, ausgerichtet. Die weltweite Dachorganisation ist die Fédération Cynologique Internationale (→ Seite 62).

Zugelassen werden nur Hunde mit einer vom VDH und FCI anerkannten Ahnentafel (→ Seite 20). Das Mindestalter für die Teilnahme ist 6 Monate.

Für die Bewertung teilt man die Hunde, getrennt nach Rüde und Hündin, in Altersklassen ein. Es gibt die Jugend-Klasse, Offene Klasse, Gebrauchshunde-Klasse und die Sieger-Klasse. Jeder einzelne Hund wird von einem Ausstellungsrichter bewertet und erhält eine sogenannte Formwertnote, zum Beispiel »vorzüglich«, wenn der Hund dem Ideal des Standards (→ Seite 8 bis 15) sehr nahe kommt.

Folgende Titel können landesweit erreicht werden: VDH-Champion, Deutscher Bundessieger und Bundesjugendsieger, Europasieger und Europajugendsieger. Für den Titel »Internationaler Schönheits-Champion« benötigt ein Hund 4 gewonnene Anwartschaften auf diesen Titel in 3 verschiedenen Ländern unter 3 verschiedenen Ausstellungsrichtern.

Nicht für die Ausstellung zugelassen sind läufige Hündinnen, Rüden, bei denen nur ein oder gar kein Hoden fühlbar ist, kranke Hunde und Hunde mit starkem Ungezieferbefall.

Mein Tip: Um Erfahrung zu sammeln, sollten Sie zuerst an einer kleineren Spezialzuchtschau teilnehmen.

Den Haarwechsel beachten

Ihren Hund sollten Sie in bestmöglicher Kondition, mit vollem Haarkleid und äußerst gepflegt vorführen. Besonders bei Collies und Shelties steht und fällt die Bewertung mit der Pracht und Fülle des Haarkleides. Im Haarwechsel oder »abgehaart« sehen Collies und Shelties sehr unscheinbar aus, auch wenn sie von Körperbau und Wesen her den höchsten Ansprüchen genügen. Während des Fellwechsels sollten Sie Ihren Collie oder Sheltie nie zu einer Ausstellung melden.

Hinweis: Wenn Sie Ihren Hund vor einer Ausstellung baden möchten, sollten Sie dies mindestens eine Woche vorher tun. Das Fell ist sonst zu weich und sieht zusammengefallen aus. Zum Baden den Hund auf eine rutschfeste Unterlage in die Badewanne stellen, sein Fell mit lauwarmen Wasser abrausen und mit einem milden Hundeshampoo reinigen. Danach Fell gut abspülen und den Hund mit einem Handtuch trockenreiben. Den Hund dann in einem warmen Raum lassen, bis sein Fell durch und durch trocken ist.

Wer einen idealen Vertreter seiner Rasse hat, kann seinen Collie oder Sheltie auf Ausstellungen zeigen und beurteilen lassen. Wenn Sie noch keine Ausstellungserfahrung haben, sollten Sie Ihren Hund zunächst auf einer kleinen Show eines regionalen Collie- oder Sheltie-Clubs anmelden.

Sachregister

Die **halbfett** gesetzten Seitenzahlen verweisen auf Farbfotos und Zeichnungen. U = Umschlagseite

Aus Liebe und Verantwortung

Heimtiere machen nicht nur Kindern, sondern der ganzen Familie viel Freude. Und ob Hund, Hamster oder Wellensittich – wer sich einmal an den kleinen Liebling gewöhnt hat, möchte ihn nicht mehr missen. Deshalb ist es wichtig, über die Bedürfnisse der Tiere wirklich Bescheid zu wissen. Die **GU Tier-Ratgeber** – von anerkannten Autoren geschrieben – sind ideal als Helfer bei der artgerechten Haltung mit Herz und Verstand. GU Ratgeber gibt es zu allen beliebten Tierarten. Sie sind auch für Kinder geeignet, die ihr Tier selbst versorgen wollen.

34,80 DM/272,-öS/34,80 sFr.

Änderungen und Irrtum vorbehalten.

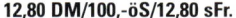

12,80 DM/100,-öS/12,80 sFr.

14,80 DM/116,-öS/14,80 sFr.

12,80 DM/100,-öS/12,80 sFr.

12,80 DM/100,-öS/12,80 sFr.

Mehr draus machen. Mit GU.

Adressen

Verbände und Vereine

Verband für das Deutsche Hundewesen (VDH), Postfach 104 154, Westfalendamm 174, D-44041 Dortmund, Tel. 0231/565000

Fédération Cynologique Internationale (FCI). 13 Place Albert I, B-6530 Thiun/Belgien

Österreichische Kynologenverband (ÖKV) Johann-Teufel-Gasse 8, A-1238 Wien, Tel. 0043/1/887092

Schweizerische Kynologische Gesellschaft (SKG/SCS), Länggaßstr. 8, CH-3001 Bern, Tel. 0041/31/3015819

Club für Britische Hütehunde e.V., 1. Vorsitzender: Jürgen Baldauf Burger Landstraße 45, D-29227 Celle

Deutscher Collie Club e.V., 1. Vorsitzender Gerhard Scheithe, St. Wendeler Straße 62b, D-66892 Bruchmühlbach-Miesau.

Die Anschriften von Hundeclubs und -vereinen können Sie bei den vorgenannten Verbänden erfragen.

Border Collie bei der Arbeit. Dieses Schaf hat sich zu weit von der Herde entfernt und wird nun energisch zurückgetrieben.

Haftpflichtversicherung

Fast alle Versicherungen bieten inzwischen auch Haftpflichtversicherungen für Hunde an.

Krankenversicherung für den Hund

Uelzener Allgemeine Versicherungsgesellschaft AG,
Postfach 1423,
Veerssener Str. 67,
29525 Uelzen

Registrierung von Hunden

Haustier-Zentralregister für die BRD e.V. TASSO, Postfach 1423,
D-65783 Hattersheim. Wer seinen Hund vor Tierfängern und dem Tod im Versuchslabor schützen will, kann ihn hier registrieren lassen. Die Eintragung sowie die computergesteuerte Suche bei Vermißtenmeldung sind kostenlos.

Zeitschriften, die weiterhelfen

Unser Rassehund.
Herausgeber: Verband für das Deutsche Hundewesen e.V. (VDH), Dortmund.
Das Tier.
Brunnwiesenstr. 23,
D-73760 Ostfildern.

Bücher, die weiterhelfen

(falls nicht im Buchhandel, dann in Bibliotheken erhältlich)
Klever, Ulrich: *Hunde.* Gräfe und Unzer Verlag, München.
Krämer, Eva-Maria/Feldhoff Marina: *Collie und Sheltie.* Kosmos Verlag, Stuttgart.

Streitferdt, Uwe: *Mein kranker Hund.* Gräfe und Unzer Verlag, München.

Die Fotos auf dem Buchumschlag

Umschlagvorderseite: Collie, zobel-weiß, und Sheltie, blue-merle (→ Porträts, Seite 8/12). Umschlagrückseite: Colliehündin, zobel-weiß, mit ihren Welpen.

Wichtige Hinweise

In diesem Ratgeber geht es um die Anschaffung und Haltung von Collies und Shelties. Autorin und Verlag halten es für wichtig, darauf hinzuweisen, daß sich die Haltungsregeln des Buches in erster Linie auf normal entwickelte Jungtiere aus guter Zucht beziehen, also auf gesunde, charakterlich einwandfreie Tiere. Wer einen erwachsenen Hund zu sich nimmt, muß sich bewußt sein, daß dieser bereits wesentliche Prägungen durch den Menschen erfahren hat. Er sollte den Hund besonders genau beobachten, auch in seinem Verhalten zum Menschen; er sollte sich auch den bisherigen Besitzer ansehen. Ist der Hund aus dem Tierheim, so kann dieses über die Herkunft des Hundes und seine Eigenheiten eventuell Auskunft geben.
Es gibt Hunde, die aufgrund schlechter Erfahrungen mit Menschen in ihrem Verhalten auffällig sind, vielleicht auch zum Beißen neigen. Diese Hunde sollten nur von erfahrenen Hundehaltern aufgenommen werden. Auch bei gut erzogenen und sorgfältig beaufsichtigten Hunden besteht die Möglichkeit, daß sie Schäden an fremdem Eigentum anrichten oder gar Unfälle verursachen. Ein ausreichender Versicherungsschutz liegt im Eigeninteresse; der Abschluß einer Hundehaftpflicht-Versicherung ist in jedem Fall dringend zu empfehlen.
Lassen Sie bei Ihrem Hund auch alle notwendigen Schutzimpfungen und Entwurmungen (→ Seite 49) ausführen, da sonst eine erhebliche gesundheitliche Gefährdung von Mensch und Tier möglich ist. Einige Krankheiten und Parasiten sind auf den Menschen übertragbar (→ Seite 49). Zeigen sich bei Ihrem Hund Krankheitsanzeichen, sollten Sie unbedingt einen Tierarzt zu Rate ziehen. Gehen Sie im Zweifelsfall selbst zum Arzt.

Die Autorin

Dina von Hahn hält und züchtet seit 1961 Collies und Shelties. Sie ist Spezialrichterin für die Gruppe der Britischen Hütehunde und Zuchtwartin des Clubs für Britische Hütehunde e.V.

Die Fotografin

Christine Steimer abeitet seit 1985 als freie Fotografin. Sie hat sich 1989 auf Tierfotografie spezialisiert und ist seitdem für die Zeitschrift »Das Tier« tätig.

Die Zeichnerin

Renate Holzner arbeitet als freie Illustratorin in Regensburg. Ihr breites Repertoire reicht von Strichzeichnungen über fotorealistische Illustrationen bis hin zur Computergrafik.

Dank

Autorin und Verlag danken Herrn Dr. Uwe Streitferdt für die Durchsicht der Kapitel »Gesunde Ernährung« und »Gesundheitsvorsorge und Krankheiten«.

© 1995 Gräfe und Unzer Verlag GmbH, München Alle Rechte vorbehalten. Nachdruck, auch auszugsweise, sowie Verbreitung durch Film, Funk und Fernsehen, durch fotomechanische Wiedergabe, Tonträger und Datenverarbeitungssysteme jeder Art nur mit schriftlicher Genehmigung des Verlages.

Redaktion: Anita Zellner, Gabriele Linke-Grün
Zeichnungen: György Jankovics
Herstellung: Verena Römer
Umschlaggestaltung: Heinz Kraxenberger
Satz: Filmsatz Schröter
Reproduktion: Longo
Druck und Bindung: Stürtz

ISBN 3-7742-2160-X

Auflage 5. 4. 3. 2. 1.
Jahr   99 98 97 96 95

Border Collie-Hündin mit ihren Welpen. Die Welpen sehen so niedlich aus, daß sich schon so mancher Hundefreund spontan in solch ein Kleines »verliebt« hat. Es kann jedoch nicht genug davor gewarnt werden, sich unüberlegt einen Border Collie anzuschaffen. Nur wer bereit ist, sich intensiv mit dem Hund zu beschäftigen und mit ihm zu trainieren, wird einen ausgeglichenen Hund haben. Unterbeschäftigte Border Collies nehmen psychisch großen Schaden und werden oft aggressiv.